Ronald Dunn · Wenn Gott schweigt

Ronald Dunn

Wenn Gott schweigt ...

JOHANNIS

Aus dem amerikanischen Englisch von Dr. Friedemann Lux

Die Deutsche Bibliothek – CIP-Einheitsaufnahme

Dunn, Ronald:
Wenn Gott schweigt ... / Roland Dunn. – 2. Auflage – Lahr:
Johannis. 1996
(TELOS-Paperback; 2376 : Johannis-Glaubensschritte)
ISBN 3-501-01277-2
NE: GT

ISBN 3-501-01277-2

TELOS-Paperback 72376
Johannis-Glaubensschritte
© 1996 by Verlag der St.-Johannis-Druckerei, 77922 Lahr
Titel der amerikanischen Originalausgabe: When Heaven
is Silent, Published by Thomas Nelson Publishers, Nashville
Umschlaggestaltung: Dialog Werbeagentur, Waldbronn
Gesamtherstellung:
St.-Johannis-Druckerei, 77922 Lahr
Printed in Germany 12853/1996

Für

KAYE

und
für unsere drei Kinder:

STEPHEN MITCHELL
und
KIMBERLY KAYE
sowie
RONALD LOUIS DUNN, JR.
(1957–1975)

» Unser Gott ist im Himmel;
er tut alles,
was er will.«
(Psalm 115, 3)

Und als das Lamm
das siebente Siegel auftat,
entstand eine Stille
im Himmel,
etwa eine halbe Stunde lang.
(Offenbarung 8, 1)

Inhaltsverzeichnis

Danke   11

ERSTES BUCH:
IM TAL DES SCHWEIGENS

Erster Teil: Einstimmung
Kapitel 1: 1973: Diener ohne Uniform   17
Kapitel 2: 1975: Ein Diener, den keiner will   20
Kapitel 3: Heute: An den Leser   21

Zweiter Teil: Der Kampf mit dem Engel
Kapitel 4: Leben in der Niederlage   25
Kapitel 5: Unser größter Gegner ist Gott   33
Kapitel 6: Nicht wegwerfen!   42
Kapitel 7: Von Weizen und Unkraut   50

ZWEITES BUCH:
DIE STIMMEN DES SCHWEIGENS

**Erster Teil: Ohne Antworten leben –
Der schweigende Gott**
Kapitel 8: Warum?   63
Kapitel 9: Warum ich?   69
Kapitel 10: Was jetzt?   79

**Zweiter Teil: Wer ist bereit, Gott umsonst zu dienen? –
Gott im Leiden**
Kapitel 11: Die Wette   101
Kapitel 12: Wenn alles zusammenbricht   106
Kapitel 13: Allein   115
Kapitel 14: Wenn Gott schweigt   126

**Dritter Teil: Was tun, wenn ich nicht weiter weiß? –
Gott in der Dunkelheit**
Kapitel 15: Die dunkle Seite der Gnade   135
Kapitel 16: Noch dunkler als dunkel   148
Kapitel 17: Wenn die Lichter ausgehen   159

**Vierter Teil: Wenn wir nicht vergessen können –
Gott in der Enttäuschung**
Kapitel 18: Gedächtnis – Diener oder Tyrann?   169
Kapitel 19: Nicht jede gute Idee ist Gottes Idee   175
Kapitel 20: Gott sieht das Herz an   181
*Kapitel 21: Wenn Gott nein sagt, hat er etwas
Besseres mit uns vor*   187

**Fünfter Teil: Wie aus Böse Gut wird –
Gott in den Umständen unseres Lebens**
Kapitel 22: Der unglaublichste Bibelvers   195
Kapitel 23: Hat mein Leben einen Sinn?   200
Kapitel 24: Der Mensch denkt, Gott lenkt   207

Ein letztes Wort   213

Anmerkungen   217

DANKE

Ein Buch schreibt man nicht allein. Vom ersten bis zum letzten Satz haben mir viele Freunde über die Schulter geschaut, mich ermutigt, mir geholfen, für mich geglaubt. Mein besonderer Dank gilt:

- Dan Benson, der daran glaubte, daß ich dieses Buch schreiben konnte.
- Den Freunden und Verwandten, die mit uns durch das finstere Tal gegangen sind. Ihre Liebe und ihre Gebete waren Oasen in der Wüste.
- Dr. Ron Hardin aus Little Rock (Arkansas), der mir wie einst Lukas ein »geliebter Arzt« wurde.
- Dr. Gary Etter aus Irving (Texas), dessen Kunst und Verständnis mir durch die Dunkelheit hindurch halfen.
- Joanne Gardner, meiner Kollegin seit siebenundzwanzig Jahren, die sich solche Mühe mit mir gibt.
- Meiner Schwiegermutter, Eileene Mitchell, die uns durch manchen Sturm hindurchgebetet hat.
- Und meiner besten Freundin, Kaye, die mich von den Toten zurückholte und deren Name eigentlich auf dem Umschlag dieses Buches stehen sollte.

ERSTES BUCH

IM TAL DES SCHWEIGENS

ERSTER TEIL:

Einstimmung

Die erste Seite des Buches
streiche rot an.
Denn am Anfang
ist die Wunde unsichtbar.

Rabbi Alce, *I Jobes, 13*

Der Gott Israels, der Erlöser, ist zuweilen ein Gott, der
sich verbirgt, aber niemals ein Gott, der nicht da ist. Er
hüllt sich manchmal in Dunkelheit, aber er ist nie ferne
von uns.

Matthew Henry

Es gibt nichts auszudrücken, nichts, womit man ausdrücken könnte, nichts, von dem man ausdrücken könnte, keine Kraft, mit der man ausdrücken könnte, keinen
Wunsch, auszudrücken – nur die Notwendigkeit, es auszudrücken.

Samuel Beckett

KAPITEL 1

1973: Diener ohne Uniform

Es war ein Samstag von der »Du, Schatz«-Sorte gewesen: »Du, Schatz, tu dies, Schatz, tu das.« Ein Tag, wo das ständige Aufschieben einen endlich einholt und man den vollen Preis für seine Sünden zahlen muß. Den ganzen Tag hatte ich damit verbracht, den Rasen zu mähen, Sträucher und Hecken zu schneiden, Schränke zu entrümpeln und die Garage aufzuräumen.

Es war gegen Mitternacht, als ich mit der Garage fertig war. Ich begutachtete mein Werk. Gut, für die nächsten zehn Jahre wieder Ruhe. Ich wollte gerade ins Bad, um mich zu duschen, als Kaye mir zurief: »Du, Schatz, kannst du eben noch in den Supermarkt fahren, der nachts offen hat? Wir brauchen noch ein paar Sachen zum Frühstück!«

Ich betrachtete mich im Spiegel. Igitt. Unrasiert. Ungekämmt. Ein verdrecktes und verschwitztes T-Shirt, ausgeblichene Jeans mit Löchern in den Knien, Tennisschuhe, die in der Auflösung begriffen waren. Der Mann vom Sicherheitsdienst würde mich filzen, bevor er mich in den Laden ließ. Ein Landstreicher starrte mir entgegen, und nicht der gutbürgerliche Pastor der Kirche um die Ecke.

Aber komm, Junge, wer kauft denn schon um Mitternacht seine Brötchen ein?

Mehr Leute als ich gedacht hatte. Ich entdeckte eine ganze Subkultur von Mitternachtskunden. Alarmstufe eins: Schnapp dir, was du brauchst, drück den Kopf zwischen die Schultern und sieh zu, daß du Land gewinnst, bevor dich einer sieht, der dich kennt!

Ich stellte mich vor der Kasse an. Gut: Nur eine Kundin

vor mir. Schlecht: Sie war aus meiner Gemeinde. Alarmstufe zwei. Dann verführte der Teufel sie dazu, sich zu mir umzudrehen. Sie drehte sich zurück, dann wieder zu mir. Ihre Augen kniffen sich privatdetektivmäßig zusammen, dann weiteten sie sich in ungläubigem Erkennen. »Bruder Dunn!« japste sie.

Ich weiß nicht, wer von uns verlegener war. Ich murmelte etwas, das wie eine Erklärung klingen sollte, und sie sagte: »Wissen Sie, ohne Ihren Schlips und Anzug hab' ich Sie erst gar nicht erkannt.«

Auf der Fahrt nach Hause gingen mir diese Worte durch den Kopf: »Ohne Ihren Schlips und Anzug hab' ich Sie gar nicht erkannt.« Seit sieben Jahren war ich der Pastor dieser Frau, jeden Sonntag kam sie treu zum Morgengottesdienst und zum Abendgottesdienst, nach Adam Riese mußte sie mich an die siebenhundertmal predigen gehört – und gesehen haben. Und jetzt hatte sie mich um ein Haar nicht wiedererkannt, weil ich keinen Anzug trug! Wen oder was hatte sie da auf der Kanzel gesehen all die Jahre: mich oder meine Kleider? Wäre sie eine dunkle Straße entlanggefahren und hätte meinen Anzug und Krawatte am Straßenrand liegen sehen, sie hätte ohne Zweifel ausgerufen: »Da liegt ja der Anzug vom Herrn Pastor!« Aber *mich* erkannte sie nicht.

Hatte ich nicht irgendwo gelesen, daß die beste Verkleidung eine Uniform ist, weil die Menschen die Uniform sehen und nicht den Träger? Wohl wahr.

Wie war das noch gewesen, als ich mit Frau und Tochter die halbe Nacht im Flughafen Gatwick bei London saß und auf unseren Flug zurück in die USA wartete? Etwa hundert Personen saßen mit uns im Warteraum. Ein, zwei Reihen entfernt saß ein Mann, der immer wieder zu mir herübersah. Als er sah, daß ich sah, daß er mich ansah, stand er schließlich auf und kam zu mir.

»Sind Sie aus Irving in Texas?« fragte er.

»Ja, doch, ja.«

Er grinste und hielt mir seine Hand hin. »Ich bin Ihr Briefträger.«

Ich war versucht, ihn zu fragen, ob er heute Post für mich hatte. Ein paar Tage später stand ich neben meinem Briefkasten und wartete auf meinen Briefträger. Er kam, und jawohl, er war es. Die ganzen Jahre hatte ich nur die Uniform gesehen.

Ich hatte meinen Briefträger nicht erkannt, weil er seine Uniform nicht anhatte und ohne Uniform nicht wie ein Briefträger aussah. Und die Frau im Supermarkt erkannte ihren Pastor nicht, weil er *seine* Uniform nicht anhatte und nicht wie ein Pastor aussah.

Wie viele Pastoren mochte *ich* schon übersehen haben, weil sie nicht wie Pastoren aussahen? Wie viele Segnungen hatte ich verspielt, weil sie wie Flüche aussahen? Wie vielen Königen hatte ich die Tür gewiesen, weil sie in Bettlerlumpen gekommen waren?

Und ich erkannte, daß einige der größten Diener, die Gott mir über den Weg geschickt hatte, »Diener ohne Uniform« gewesen waren. Ich hatte sie nicht erkannt, weil sie nicht so aussahen, wie sich das für den Herrn Pastor gehörte.

KAPITEL 2

1975: Ein Diener, den keiner will

Der Dezemberhimmel hatte die Farbe angelaufenen Silbers. Der Sarg, der ein paar Schritte vor den Hinterbliebenen unter dem Zeltdach stand, auch. Ein naher Freund der Familie sprach.

»Es gibt keine letzte Erklärung für den Tod eures Sohnes Ronnie. Und was hätten wir auch davon, wenn es eine gäbe? Daß wir diesen Tod nicht erklären können, gibt dieser ganzen Situation mehr Ehrfurcht und Würde.

Ich glaube, es gibt kein Menschenleben, das das eure so stark zum Guten und zum Wachsen hin geprägt hat oder noch prägen wird wie das von Ronnie. Es wird keine Situation geben, die eure geistlichen Wurzeln tiefer greifen lassen wird als diese hier. Was die Bibel über Simson sagt, wird auch für Ronnie gelten: Er tötete mehr Philister durch seinen Tod, als er zu seinen Lebzeiten getötet hatte. Ronnies Leben und Tod werden einen unermeßlichen Einfluß auf euch haben – bis Jesus wiederkommt oder wir zu Ihm gehen.

Ronnie ist euch allen jetzt näher als je zuvor. Ihr spürt seine Gegenwart so stark wie noch nie. Durch Jesus habt ihr jetzt eine Gemeinschaft mit ihm, wie ihr sie selbst an den hellsten Tagen nie hattet. Denn er ist jetzt heil. Er versteht euch. Er liebt euch.

Wir alle kennen Rons Predigtserie ›Verkannte Diener‹. Heute dient uns der verkannteste von allen – der Tod.«

KAPITEL 3

Heute: An den Leser

Ich schreibe dieses Buch, um mich zu verteidigen. Und wenn ich ehrlich bin, dann haben die meisten meiner Predigten in den letzten Jahren ebenfalls diesem Zweck der Selbstverteidigung gedient. Ich habe gepredigt, um meine eigenen Fragen zu beantworten, um mich selber vor dem Angriff widerstreitender Wahrheiten, vor dem Zwiespalt zwischen Glauben und Erfahrung zu schützen.

Sie wissen vielleicht, was ich meine: jene Situationen, wo das Leben aufgeräumt und sicher erscheint, unser inneres Haus fertiggebaut und stabil. Wir wissen, was wir glauben, es paßt alles zusammen. Und dann kommt plötzlich der Mißklang – Dinge, die nicht sein dürfen und doch da sind. Und wenn unser Glaube überleben will, müssen wir diese Gegensätze unter einen Hut bringen. Ende der Geborgenheit. Wie jemand es einmal ausdrückte: »Die Sicherheit meines Seins stand auf dem Spiel.«[1]

Es gibt ein Wort für dieses Phänomen: *Dissonanz*. Wörterbücher definieren Dissonanz als das Zusammenklingen von Tönen, die nicht als harmonisch oder zueinander passend empfunden werden. Dissonanz – das bedeutet Zwiespalt, Disharmonie. Und das nicht nur in der Musik. Psychologen reden von »kognitiver Dissonanz«: Wir *merken*, daß in unserem Leben etwas nicht zusammenpaßt, unsere inneren Zähne pressen sich zusammen, unser seelisches Trommelfell wird gemartert.

Worauf wir natürlich versuchen, die Dissonanz zu überwinden. Dazu gibt es zwei Methoden: Entweder wir ändern unseren Glauben oder wir verdrehen die Realität so, daß sie zu unserem Glauben paßt. Wissenschaftliche Untersuchungen zeigen angeblich, »daß Gottesdienstbesucher angesichts widerstreitender Tatsachen ihren Glauben nicht aufgeben, sondern ihn statt dessen so anpassen, daß er die Tatsachen neutralisiert.«[2]

In dem Augenblick, wo ich diese Zeilen schreibe, stecke ich bis über die Ohren in kognitiver Dissonanz. Ehrlich gesagt: Ich dachte, ich hätte meine diversen verkannten Diener ohne Uniform hinter mich gebracht. Hatte ich nicht mein volles Quantum mitbekommen, war es nicht mein gutes Recht, endlich das ersehnte Entwarnungssignal zu bekommen? Und dann kam – die nächste Sturmwarnung.

Just an dem Tag, an dem ich dieses Buch begann, überfiel uns die nächste Krise. Ich hatte plötzlich keine Lust mehr, ein Buch über »verkannte Diener« und über Gottes Schweigen zu schreiben – oder auch nur darüber nachzudenken.

Ich schreibe also dieses Buch ebenso für mich wie für Sie. Ach ja, noch etwas zum Thema »Dissonanz«: In der Musik sind Dissonanzen dazu da, daß sie sich in eine Harmonie auflösen. Ich warte auf diese Harmonie. Und wenn ich sie gefunden habe, werde ich es Ihnen sagen. Ehrlich.

ZWEITER TEIL:

Der Kampf mit dem Engel

Wir bereiten uns nur eitel Qual, wenn wir etwas anderes sein wollen, als was Gott uns bereitet hat.

Gerhard Tersteegen

Die Dinge, wegen derer wir jemanden aufsuchen, sind allein, in der kalten Dunkelheit geschehen.

Henry David Thoreau

Aber wie kann Gott das in mir wirken? – Laß ihn einfach, dann wirst du es vielleicht erfahren.

George MacDonald

KAPITEL 4

Leben in der Niederlage

»Können Sie mir nicht einfach ein paar Pillen geben?«

Der Arzt schaute von seinem Notizblock hoch und schüttelte lächelnd den Kopf. Er dachte, ich machte einen Witz. Aber es war kein Witz.

Ich war am Ende, fertig, ausgebrannt. Dauerstreß und Fast Food hatten mich in die Zange genommen. Zehn Jahre Vortragsreisen, übervolle Terminkalender, öde Motelzimmer und Schnellrestaurants – es lief nichts mehr. Die halbe Welt hatte ich bekehren wollen und statt dessen Magengeschwüre bekommen, die mich immer häufiger ins Krankenhaus warfen und mir Kopf, Kragen und Karriere bedrohten. Ich hatte 30 Pfund abgenommen und fühlte mich so, wie ich aussah – miserabel.

Mein Arzt war zu dem lapidaren Ergebnis gekommen, daß ich zehn Jahre lang über meine Kräfte gelebt hatte. »Ihr Magen hat mehr Verstand als Ihr Kopf«, sagte er. »Sie müssen es langsamer angehen lassen.«

Und er nahm seinen Block und begann zu schreiben. »Ich gebe Ihnen eine Liste von Dingen mit, mit denen Sie heute noch anfangen müssen«, sagte er. »Erstens: Sie werden an mindestens vier Tagen pro Woche einen Fünf-Kilometer-Marsch machen. Marsch, nicht Spaziergang; Sie müssen die fünf Kilometer in 45 Minuten schaffen.

Zweitens«, fuhr er fort, »müssen Sie jeden Tag mindestens zwei ausgewogene Mahlzeiten essen.

Drittens: Sieben bis acht Stunden Schlaf, jede Nacht. Und vergessen Sie nicht, daß der Schlaf vor Mitternacht der beste ist.«

Das war der Punkt, wo ich ihn fragte, ob er mir nicht einfach ein paar Pillen geben könnte.

Warum? Ich hatte null Bock darauf, viermal in der Woche fünf Kilometer zu laufen. Acht Stunden Nachtschlaf – nicht daran zu denken, schon gar nicht vor Mitternacht. Und ausgewogen essen? In Kirchenkantinen, in Motels, an Pommesbuden? »Ausgewogen« – das hieß bei mir, daß ich eine Cola in der einen Hand und eine Pepperonipizza in der anderen balancierte.

Ich war zu beschäftigt, um gesund zu werden. Gesund werden wollte ich schon – aber ohne meinen Lebensstil ändern zu müssen. Verschonen Sie mich mit Disziplin, Herr Doktor, geben Sie mir ein paar Pillen! Der Doktor versicherte mir, daß es die Pillen, die ich wollte, nicht gab. Ich suche sie immer noch. Wenn Sie also solche Pillen kennen, dann schreiben Sie mir ...

Ich bin nicht der einzige Pillensucher. Die Ärzte, die ich kenne, sagen alle, daß die meisten ihrer Patienten zu ihnen kommen, damit sie so weiterleben können wie bisher, aber ohne die Konsequenzen ausbaden zu müssen. Wie der große Arzt Paul Tournier es einmal ausgedrückt hat:

> Mehr noch, er [der Patient] hofft, daß die Medizin, dank ihrer technischen Fortschritte, ihm eine Änderung seiner Lebensführung ersparen werde; er möchte es nach seinen Launen und Leidenschaften weiterführen, in der Hoffnung, daß irgendeine Wunderpille ihn von den peinlichen Folgen befreien werde.[1]

Und nur zu oft bringen wir eben diese Einstellung auch in unser Christenleben hinein. Es muß doch wohl möglich sein, daß alle meine Probleme eins, zwei, drei gelöst werden, wenn ich nur auf den richtigen Knopf drücke! Vielleicht finde ich den Knopf auf dem nächsten Seminar oder im nächsten Buch, auf der nächsten Kassette, beim nächsten Prediger ...

Apropos Prediger: Ich schätze, wir Prediger haben ein gerütteltes Maß an Mitschuld daran, daß unsere Hörer so denken. Wie gerne predigen wir über das »sieghafte« Christenleben – und die Leute hören das nur zu gern. Was kann schon falsch daran sein, daß Christus uns überfließendes Leben anbietet? Und es ist ja auch nicht falsch; das Problem ist nur, daß unsere Hörer es ein wenig anders verstehen, als wir es gemeint haben.

Wir erzählen ihnen von Menschen wie dem amerikanischen Evangelisten Moody, auf den mitten auf der Straße Gottes Geist mit einer solchen Wucht herabkam, daß er sich in sein Zimmer flüchten mußte. Wie Brandungswellen schlug die Liebe Gottes über ihm zusammen, daß er schließlich ausrufen mußte: »Halt ein, Herr, ich vergehe!« Und als er danach wieder predigte, da waren seine Predigten dieselben, er sagte nichts anderes als vorher – aber Hunderte von Menschen bekehrten sich.

»Jawohl!« rufen wir. »Das ist es! Das brauche ich auch! Das ist genau das, was ich suche!«

Und Moodys Erlebnis ist wahr. Aber es ist nur ein Teil seiner Geschichte. Wir kennen nie die ganze Geschichte. Wir kennen nicht die verborgenen Kapitel der Geschichte, die ein Mensch mit Gott hat. Wir sehen den Glaubenshelden auf dem Berggipfel, aber nicht den Schweiß, den er beim Anstieg vergossen hat – und auch nicht den Abstieg ins nächste Tal.

Es klingt ironisch, aber die Suche nach einem Schlüsselerlebnis, das uns ein für alle Mal befreit, führt uns eben nicht in die große Freiheit, sondern in die Versklavung – in ein Gefängnis, dessen Wärter verlangen, daß meine

27

sämtlichen Probleme mit einem Schlag gelöst werden müssen. Sie erlauben mir nicht, allmählich und Schritt um Schritt zu wachsen, sie haben keine Geduld. »Werde *jetzt* heil!« schreien sie, »jetzt, sofort, total!« Sie verlangen, daß ich in einem Tag erwachsen werde.

Das Ergebnis? Schuldgefühle. *Was stimmt bloß nicht mit meinem Glauben?*

Vitamin R wie Realität

Wir schreiben in unserem Leben zwei Bücher. Das erste ist das Buch der Träume, und wir schreiben es, wenn wir jung sind, wenn unser Leben noch vor uns liegt und wir die Zukunft gar nicht erwarten können. Es ist ein Buch voller Spannung, Abenteuer, Romantik und Vorfreude.

Das zweite Buch schreiben wir in dem Maße, wie unsere Zukunft Gegenwart wird. Es ist die Geschichte dessen, was wir wirklich werden und wirklich schaffen. Es ist das Buch der Realität, und jegliche Ähnlichkeiten zwischen den beiden Büchern sind rein zufällig. Immer wieder in meinem Leben hat Gott mich überrascht, überrumpelt, mir ein Bein gestellt. Er hat nicht so mit mir gearbeitet, wie ich es erwartet hatte, sein Stil hat mich frustriert. An vielen Punkten in meinem Leben habe ich mit Jakob bekennen müssen: »Der Herr wohnt an diesem Ort, und ich wußte es nicht!« (1. Mose 28, 16). Und wenn ich denke: Jetzt habe ich es endlich im Griff, dann zerbröselt mir alles unter der Hand.

Darf ich Ihnen Jakob vorstellen? Seine Geschichte hat mir geholfen zu verstehen, wie Gott mit seinen Dienern umgeht – wie er sie dahin bringt, wo er sie haben will. Ganz besonders gilt dies für jenes seltsame Erlebnis Jakobs mit dem Fremden am Jabbok, von dem

1. Mose 32 berichtet. Es ist ein Musterbeispiel dafür, wie Gott arbeitet. Nirgends in der ganzen Bibel finden wir ein besseres Beispiel dafür, wie Gott Diener ohne Uniform benutzt, um uns dem Bild seines Sohnes ähnlicher zu machen.

Sie kennen Jakob noch nicht? Lassen Sie mich ihn Ihnen vorstellen und Ihnen erzählen, was sein Name bedeutet und wie er ihn bekam.

Pfarrers Kinder, Müllers Vieh

Die Geschichte von Jakob – das ist die reinste Seifenoper. Hauptpersonen: Vater Isaak, Mutter Rebekka und die Zwillinge Esau und Jakob.

Die Zwillinge waren eine Gebetserhörung. Rebekka war unfruchtbar, was bei den alten Hebräern eine Schande war, und Isaak »betete zum Herrn, und der Herr erhörte seine Bitte. Rebekka empfing Zwillinge« (1. Mose 25, 21).

So weit, so gut. Aber die Kinder stießen einander im Mutterleib; die beiden Brüder kämpften miteinander, noch bevor sie geboren wurden – so heftig, daß es Rebekka angst und bange wurde und sie zu Gott schrie. Wenn das Leben, das sie da in sich trug, wirklich ein Gottesgeschenk und eine Gebetserhörung war, warum dieser Kampf im Mutterleib?

Und Gott antwortete ihr: »Du trägst zwei Völker in deinem Leib, zwei Nationen gehen von dir aus. Die eine wird die andere unterwerfen: der Erstgeborene wird dem Zweiten dienen« (1. Mose 25, 23). Der Ältere dem Jüngeren dienen? Das hörte sich nach Ärger an.

Der große Tag kam. Als erster kam Esau aus dem Mutterleib. Aha, der Ältere. Sie nannten ihn *Esau* (»behaart«), weil seine Haut rötlich und von Haaren bedeckt war. Sein Bruder, der gleich hinterher kam, hielt seine Ferse fest, so daß sie ihn *Jakob* (»Fersenhalter«) nannten.

Es war ein perfekter Name für Esaus Bruder. Das hebräische Wort malt das Bild von jemandem, der einen anderen am Fuß packt, um ihn stolpern und stürzen zu lassen. Das Wort stinkt nach Betrug, Überfall, Strauchdieberei. Ein hinterhältiger Betrüger – das ist Jakobs Charakter. (Und diesen Mann erwählte Gott!) Als Jahrhunderte später der Prophet Jeremia das menschliche Herz ein »arglistiges« Ding nennt (Jeremia 17, 9 Einheitsübersetzung), benutzt er das gleiche Wort – das Herz ist, so wörtlich, »ein Jakob«.

Und Jakob machte seinem Namen alle Ehre. Erst trickste er Esau sein Erstgeburtsrecht ab, dann seinem alten und blinden Vater den Erstgeburtssegen. Als Esau von dem Betrug erfuhr, rief er aus: »Zu Recht trägt er den Namen Jakob, schon zum zweiten Mal hat er mich betrogen! Erst nahm er mir das Erstgeburtsrecht, und jetzt auch noch den Segen!« (1. Mose 27, 36).

Und Esau schwor sich, nach dem Tod seines Vaters Rache zu üben und Jakob umzubringen. Was Jakob spitzbekam, worauf er den Rat seiner Mutter, zur Sicherheit seinem Onkel Laban in Haran einen längeren Besuch abzustatten, willig annahm.

Das war vor zwanzig Jahren gewesen. Und jetzt ist Jakob dabei, nach Hause zurückzukehren. Und Esau reitet ihm entgegen – mit vierhundert Mann.

Jakob reagiert sofort. Er teilt hastig seine Karawane in zwei Teile auf, damit, falls Esau die eine Hälfte angreift, die andere noch entkommen kann. Als nächstes schickt er Esau ein riesiges Bestechungsgeschenk: 200 Ziegen, 20 Böcke, 200 Schafe, 20 Widder, 30 säugende Kamele nebst Füllen, 40 Kühe, 10 junge Stiere, 20 Eselinnen und 10 Esel.

Man sieht, wie reich Jakob in seiner freiwilligen Verbannung geworden war.

Als die Nacht anbricht, bringt Jakob seine Frauen und Nebenfrauen, seine elf Söhne und seinen ganzen restlichen Besitz über den Jabbok und bleibt allein zurück.

Gott gebeten, ihn vor Esau zu retten, hat er bereits. Für den Rest der Nacht heißt die Devise: abwarten und das Beste hoffen. Denkt Jakob.

Da trat ihm ein Mann entgegen und rang mit ihm bis zum Morgengrauen. Als der andere sah, daß Jakob sich nicht niederringen ließ, gab er ihm einen Schlag auf das Hüftgelenk, so daß es sich ausrenkte. Dann sagte er zu ihm: »Laß mich los; es wird schon Tag!«

Aber Jakob erwiderte: »Ich lasse dich erst los, wenn du mich gesegnet hast.«

»Wie heißt du?« fragte der andere.

»Jakob«, antwortete Jakob.

Der andere sagte: »Du sollst von nun an nicht mehr Jakob heißen. Du hast mit Gott und mit Menschen gekämpft und hast gesiegt; darum wird man dich Israel nennen.«

Jakob bat ihn: »Sage mir doch deinen Namen?«

Aber er sagte nur: »Warum fragst du?« und segnete ihn.

»Ich habe Gott selbst gesehen«, rief Jakob, »und ich lebe noch!« Darum nannte er den Ort Penuël.

Als Jakob den Kampfplatz verließ, ging eben die Sonne auf. Er hinkte wegen seiner Hüfte. Bis zum heutigen Tag essen die Israeliten, wenn sie Tiere schlachten, den Muskel über dem Hüftgelenk nicht, weil Jakob auf diese Stelle geschlagen wurde.

(1. Mose 32, 25-33)

Wie bedeutsam den Israeliten diese merkwürdige Geschichte war, läßt sich an dreierlei ablesen: 1. Jakob bekommt einen neuen Namen – *Israel*. 2. Er gibt dem Ort einen neuen Namen: *Penuël* (»Angesicht Gottes«). 3. Es kommt zu einem kultischen Verbot des Verzehrs des Muskelstücks am Hüftgelenk.

Und was bedeutet das Ganze? Es illustriert, wie Gott mit seinem Volk arbeitet. Wie er aus einem Jakob einen Israel macht, aus einem Hochstapler einen Prinzen. Es zeigt uns, wie Gott das nimmt, was wir sind, und uns so ummodelt, wie er uns haben will.

Und dies – Achtung, festhalten! – ist ein Kampf bis zum Anbruch des Tages.

KAPITEL 5

Unser größter Gegner ist Gott

Jakob ist also allein und wartet. Es ist dunkel, er ist nervös, er hat Angst. Was wird passieren, wenn die Sonne aufgeht? Wird sein Bruder die Geschenke annehmen oder ihn umbringen?

Da springt urplötzlich »ein Mann« aus der Dunkelheit und ringt Jakob zu Boden.

Was wird Jakob wohl gedacht haben, wer der Angreifer war? Esau? Sicher war das sein erster Gedanke. *Mein Gott, ein Angriff aus dem Hinterhalt! Er schlägt mich mit meinen eigenen Waffen!*

Oder doch nicht Esau, aber einer seiner Männer? Ein Fachmann im geräuschlosen Umlegen von bösen Brüdern? Oder ein gewöhnlicher Wegelagerer, der einen Reisenden um ein paar Mark erleichtern möchte?

Vielleicht glaubte Jakob auch, daß es ein Flußdämon war, der nicht wollte, daß er den Fluß überquerte – so ähnlich wie ein Sheriff im Wilden Westen, der kein loses Gesindel in seine Stadt lassen will. Damals glaubten viele Menschen an solche Dämonen.

Oder war es vielleicht, wie die alten Rabbiner glaubten, Jakobs Schutzengel?[1] Ich mag diese Version – ein Mensch, der solch ein Halunke ist, daß sein eigener Schutzengel ihn überfällt . . .

Aber was auch immer Jakobs erster Gedanke war – eines war er mit Sicherheit nicht. Jakob dachte nicht: »Halleluja, da kommt ein Freund und will mich segnen!«

Er dachte auch nicht, daß es Gott war. Den hatte er doch gerade erst um seinen Schutz gebeten! Nein, dieser

33

Angreifer konnte nur jemand Böses sein. Man grüßt keinen Freund, indem man ihn zu Boden wirft, oder?

Doch dann durchzuckt Jakob die Erleuchtung, und er ahnt, wer der unheimliche Angreifer ist. »Ein Mann« heißt es in 1. Mose 32; Hosea 12, 5 spricht von einem »Engel«; doch wie auch immer die Worte, es war – Gott selber.

Um Schutz vor Esau hatte Jakob gebeten. Was er eigentlich brauchte, war Schutz vor Gott. Sein Problem hieß nicht Esau – es hieß Gott.

Was für eine Erkenntnis, wie sie umwälzender nicht sein kann! Feinde entpuppen sich als Diener, Ungeheuer als Freunde. Paul Tillich schreibt, wie Gott in manchen Augenblicken »als eine unbekannte Macht in uns, die uns nicht zur Ruhe kommen läßt«, gegenwärtig ist, und fährt fort: »Zuweilen aber gibt sich Gott auch als Gott zu erkennen. Die unbekannte Macht in uns, die uns beunruhigt, offenbart sich als Gott, in dessen Hand wir sind, als unser höchster Richter und unsere letzte Zuflucht.«[2] Wie bei Jakob.

Die härtesten Kämpfe in unserem Leben haben wir nicht mit dem Teufel, sondern mit Gott. Ich will keineswegs die Realität des geistlichen Kampfes mit den Mächten der Finsternis leugnen. Ich meine einfach dies: *Es fällt mir leichter, nein zum Teufel als ja zu Gott zu sagen.*

Und nicht nur mir. Die Beispiele in der Bibel beschränken sich nicht auf irgendwelche obskuren Nebenpersonen, die kein Mensch kennt. Wie war das mit Abraham? Als Gott ihm eröffnete, daß er seinen Bund mit Isaak und nicht mit Ismael aufrichten würde, rief er aus: »Wenn nur Ismael am Leben bleibt! Laß doch deine Zusage für ihn gelten!« (1. Mose 17, 18). Abrahams Problem war mit Gott, nicht mit dem Teufel.

Oder Hiob. Dieser Leidensveteran tritt in jedem Buch über das Leiden auf – meines ist keine Ausnahme. In Hiobs Geschichte verschwindet der Satan nach dem zweiten Kapitel von der Bildfläche. Er spielt eigentlich eine bloße Nebenrolle, als bloßes Werkzeug Gottes. Hiob selbst erwähnt den Satan niemals. Wie der Kirchenvater Augustinus so scharfsinnig bemerkte: Hiob sagte nicht: »Der Herr hat's gegeben, der Teufel hat's genommen.«

Das Buch Hiob ist ja überhaupt kein Buch passiver Unterwerfung. Es ist ein Buch voller Protest, und der Protest richtet sich gegen Gott. Hiobs Gegner war nicht der Teufel, sondern Gott.

Dann Jeremia, der »weinende Prophet«. Über vierzig Jahre lang verkündete er seinen Landsleuten eine bittere Gerichtsbotschaft. Noch bevor er im Mutterleib gebildet wurde, hatte Gott diesen Priestersohn aus Anatot zu seinem Propheten erwählt.

Zuerst war alles wunderbar. »Wenn du zu mir sprachst, habe ich jedes Wort verschlungen«, berichtet Jeremia. »Deine Worte haben mein Herz mit Glück und Freude erfüllt« (Jeremia 15, 16). Aber nicht lange. Als Zeichen für Gottes Gericht über Juda durfte Jeremia nicht heiraten. Seine Landsleute haßten seine Botschaft und trachteten ihm nach dem Leben. Die Priester und falschen Propheten Jerusalems verhafteten ihn, machten ihm den Prozeß, legten ihn in den Stock, demütigten ihn öffentlich und ließen ihn schließlich in eine leere Zisterne werfen.

Aus gebrochenem Herzen bringt dieser Leidensprophet seine Klage vor Gott. Er braucht Hilfe, er braucht Verständnis. Und wie antwortet Gott? Hören wir zu:

»Wenn es dir schon zuviel ist, mit Fußgängern Schritt zu halten, wie willst du dann den Wettlauf mit Pferden bestehen? Und wenn du dich nur im bewohnten Lande sicher und wohl fühlst, was willst du dann im Dickicht am Jordan machen?« (Jeremia 12, 5)

Mit anderen Worten: Stell dich nicht so an, Jeremia! Du findest, es geht dir schlecht? Es wird noch schlechter kommen. Du möchtest am liebsten aufgeben? Du hast noch gar nicht richtig angefangen.

Jeremias größtes Problem waren nicht die verhärteten Menschen, die seine Botschaft ablehnten und ihn umbringen wollten. Sein größtes Problem war der Gott, der ihn berufen hatte.

Wir könnten hier auch einen anderen Propheten erwähnen: Habakuk, in dessen kleinem Buch es fast ausschließlich um den leidenschaftlichen Protest des Propheten dagegen geht, daß Gott die Bösen ungestraft läßt – gefolgt von dem Protest gegen die Art, wie Gott die Bösen dann doch noch straft.

Und dann natürlich Jesus. Ich zögere, auf diesen heiligen Boden zu treten. Sein Kampf im Garten Gethsemane, am Abend vor seiner Kreuzigung, spottet jeder Beschreibung. Nur eine Handvoll Worte, die seine Qual von ferne andeuten, ist uns überliefert. »Meine Seele ist zu Tode betrübt«, sagt er seinen Jüngern, und dann

ging er noch ein paar Schritte weiter, warf sich nieder, das Gesicht zur Erde, und betete: »Mein Vater, wenn es möglich ist, laß diesen Leidenskelch an mir vorübergehen! Aber es soll geschehen, was du willst, nicht, was ich will« (Matthäus 26, 39).

Noch zweimal wiederholt Jesus dieses Gebet.

Da erschien ihm ein Engel vom Himmel und gab ihm Kraft. In seiner Todesangst betete Jesus noch angespannter, und sein Schweiß tropfte wie Blut auf den Boden (Lukas 22, 43-44).

Zu Beginn seines Dienstes fastete Jesus vierzig Tage und Nächte in der Wüste, und danach, als er so richtig ausgelaugt war, kämpfte er mit dem Versucher. Wir wissen nicht, wie schwer dieser Kampf war; wir wissen nur, daß Jesus bei ihm nicht wie im Garten Gethsemane Blut schwitzte.

Und wer kann den erschütternden Schrei am Kreuz ermessen: »Mein Gott, mein Gott, warum hast du mich verlassen?«

Was ist dein Name?

Warum ist der Kampf so hart? Weil Gott uns ändern will und wir uns nicht ändern lassen wollen – jedenfalls nicht von Grund auf. Gott ist nicht damit zufrieden, uns eine schönere Nase zu geben; er will die tiefsten Eingeweide unserer Seele öffnen und den Jakob aus uns herausreißen.

Warum hat wohl der Engel, mit dem Jakob kämpfte, ihn nach seinem Namen gefragt? Wußte er ihn nicht? Hatte Gott ihm einen Haftbefehl gegen Unbekannt mitgegeben? Wohl kaum.

Nein, Gott will Jakob nicht eine Information für das Einwohnermeldeamt abringen; Gott will ein *Bekenntnis* hören. Wenn man im Hebräischen jemanden nach seiner Identität fragt, sagt man: »Wer bist du?« Die Frage »Wie heißt du?« ist eine völlig andere. Sie fragt nach dem *Wesen* der Person, nach der Bedeutung ihres Namens. *Wie heißt du? Was bist du für einer?*

Möchten Sie Gottes Segen haben? Wirklich? Was ist dann Ihr eigentlicher Name, im tiefsten Kellerlabyrinth Ihrer Seele?

Gott zwingt Jakob, sich der Wahrheit über sich selbst zu stellen. Das ist immer ein Kampf. Wie T. S. Eliot einmal sagte: Der Mensch kann nicht zuviel Wahrheit auf einmal vertragen, vor allem wenn es die Wahrheit über ihn selbst ist. Unsere Fähigkeit zum Selbstbetrug ist gigantisch; sie ist unsere Überlebensstrategie.

Gott sagt: »Komm, sag es! Es gibt keinen anderen Weg. Du wirst nie dein Leben verstehen, wenn du nicht deinen Namen verstehst!«

Und Jakob schreit: »Ich heiße Jakob! Ich bin der Betrüger, der Hochstapler, der Lügner, der Schwindler!«

Was müßten Sie antworten? Oder ich? Lieber nicht daran denken?

Der zweite Akt

Das war nicht Jakobs erste dramatische Gottesbegegnung. Zwanzig Jahre zuvor hatte er schon einmal eine gehabt. Bei Bethel, in der ersten Nacht seiner Flucht. Er hatte einen Traum dort, einen wunderbaren Traum, in welchem die Engel Gottes auf einer Leiter vom Himmel herab- und wieder hinaufstiegen, und am oberen Ende der Leiter stand Gott selber und versprach Jakob, daß er mit ihm sein würde, wo er auch hinging, und daß er ihn eines Tages wieder zurück nach Hause bringen würde (1. Mose 28, 10-22).

War das nicht ein Gotteserlebnis der Sonderklasse? Jakob war damals so beeindruckt, daß er auf der Stelle Gott den Zehnten von allem seinem Besitz versprach. Ist das nicht genau das, was ich auch brauche? Komm, Gott, zeige mir deine Engel, und alles ist gut und ich will immer brav sein; schenke mir eine Vision, und ich werde ein neuer Mensch. Eine Himmelsleiter, bitte bitte, und ich werde der beste Christ der Welt . . .

Und zwanzig Jahre nach der Himmelsleiter – ist Jakob immer noch der gleiche.

Es ist erschütternd, wie viele Schlüsselerlebnisse wir mit Gott haben können – und uns doch nicht ändern.

Und jetzt also wieder eine Begegnung mit Gott – aber eine andere. Die Himmelsleiter war eine ekstatische Vision gewesen; diese Begegnung ist ein furchtbarer, schmerzlicher Kampf. Aber diesmal wird die Gottesbegegnung Jakob nicht unverändert lassen. Der Betrüger wird auf der Strecke bleiben und ein Prinz davonhinken.

Das Geheimnis des Sieges ist: den richtigen Kampf verlieren.

Pickel oder Tumor

Wenn wir älter werden, werden unsere Kämpfe mit Gott heftiger, vielleicht auch schmerzlicher. Es geht um mehr, und die Ergebnisse sind tiefer.

»Wenn du erst einmal älter bist, werden deine geistlichen Kämpfe weniger werden, und eines Tages hören sie ganz auf.« Dachte ich, als ich 16 war. Und als ich 20 war. Und mit 30 und 40 und 50. Und heute denke ich sehnsüchtig: »Hättest du nur die Sorgen von damals, als du 16 warst.« Damals war Gott hinter meinen Pickeln her. Heute will er Tumore operieren.

Den großen erlösenden Knall, der unser Leben ein für allemal in Ordnung bringt, gibt es nicht. Wir können die Probleme eines ganzen Lebens nicht in einem einzigen Tag lösen. Die großen Lebensentscheidungen fallen nicht in einer halben Minute, wenn wir nach einem Gottesdienst »nach vorne kommen«. Sie entwickeln sich allmählich, in den Stunden, wo wir allein mit uns und Gott sind.

Allein – das ist Jakobs Situation, als Gott ihn überfällt. Wie ein gewiefter Einbrecher wartet Gott ab, bis Jakob allein und ohne jeden Schutz ist. Gott ist der große *Angreifer*, und wie in einem gekonnten Krimi läuft die Szene vor uns ab, jedes Detail genau nach Plan.

Jakob ist allein. Wie wir in den Stunden, wo wir Gott begegnen. So ist das immer: Gott und ich, ganz allein.

Dunkel ist es auch, Jakob kann seinen Angreifer nicht erkennen. So auch bei uns: Auf einmal geht der Kampf los – aber mit wem eigentlich? Mit Gott? Mit dem Teufel? Mit mir selber?

Und der Kampf ist unausweichlich, Jakob kann nicht kneifen. Die Kampfdisziplin, die sein Angreifer wählt, ist bezeichnend: ein Ringkampf. Wenn jemand mich auf die Nase boxt und ich will nicht kämpfen, kann ich einfach weglaufen. Aber wenn er sich auf mich stürzt, mit beiden Armen packt und zu Boden drückt, habe ich keine Wahl: ich muß kämpfen.

Zwanzig Jahre lang war Jakob Gott davongerannt. Jetzt holt Gott ihn ein und drückt ihn in die Ecke. Und Jakob muß Gott ins Angesicht sehen – und sich selber.

So ist es bei uns allen. Wir fliehen vor Gott – selbst wo wir ihm dienen. Wir reden mit ihm, aber schauen ihm nicht in die Augen dabei, damit sie uns ja nicht festnageln und unser Innerstes enthüllen. Aber Gott ist hartnäckig. Er holt uns ein und ringt uns zu Boden – weil er uns segnen will.

Ein Freund sagte mir einmal, wie toll er meine Hingabe an Gott fand. Ich versuchte ihm die Wahrheit zu sagen, aber er verstand mich nicht. Wenn ich mein Leben überblicke, finde ich keinen hingegebenen Gottesdiener, keinen aufopferungsvollen Glaubenshelden, keinen freiwilligen Gottesstreiter, sondern einen höchst skeptischen, ja widerspenstigen Gottesdiener wider Willen. Gott hat mich müde gejagt, wie ein Jagdhund den Hasen, bis ich nicht mehr konnte. Doch, ich weiß, wir stehen als Menschen in der Verantwortung, wir müssen uns entscheiden. Ich will nur klarstellen, daß ich mir mitnichten wie ein edler Heiliger vorkomme, sondern wie ein schreiender, um sich schlagender Bengel, den Gott mühsam Meter um Meter weiterschleifen muß.

Ich kenne mich zu gut. Tief drinnen bin ich ein Rebell, und wenn Gott seinen Griff lockern würde, würde ich weglaufen.

Und jetzt kommt es noch toller. Dieses Wissen darum, wer ich vor Gott bin, gibt mir einen tiefen Frieden, denn ich weiß, daß Gott mir seine Liebe zugewandt hat und daß er mich alten Dickkopf nicht loslassen wird. Er läuft mir mit einer trotzigen Liebe hinterher, die einfach nicht aufgibt.

Und ich weiß auch: Wo ich bin, da bin ich, weil Gott mich dorthin manövriert hat. Bis hierher hat mich Gott gebracht – davon bin ich zutiefst überzeugt. Seine Gnade hat mich bis hierher gebracht, und sie wird mich ganz nach Hause bringen. Ich wollte, ich könnte sagen, daß ich mich von mir aus nach dieser Gnade ausgestreckt und mich Gott hingegeben habe. Ein paarmal habe ich es wohl versucht, aber meine Entschlossenheit, meine Hingabe und meine Liebe reichten nicht. Aber Gottes Gnade reichte.

KAPITEL 6

Nicht wegwerfen!

Es lag direkt gegenüber unserem Motel in Mississippi: das perfekte Haus für einen Antiquitätenladen. Groß, zweistöckig, mit einer Holzfassade aus der Zeit vor dem amerikanischen Bürgerkrieg und eingebettet in mächtige alte Bäume. Als Kaye und ich auf die Eingangsveranda traten, roch ich Magnolienblüten und sah vor meinem inneren Auge den Südstaatengeneral Robert E. Lee in einem Lehnstuhl sitzen, in seiner Hand ein Glas Whisky mit Eis und Minze.

Wir gingen langsam durch das Ladenlabyrinth, hoben hier und da etwas hoch, inspizierten den Preis und legten es vorsichtig wieder hin. Und ich mußte denken: »Ich habe schon bessere Sachen fortgeworfen.«

Seit Jahren schon suche ich die Baseballkartensammlung, die ich als Junge einmal hatte. 1948 hatte ich damit begonnen, die großen Stars zu sammeln – Fotos von Hank Greenberg, Bob Feller, Mickey Mantle. Heute sind sie ein Vermögen wert. Ich klebte sie damals in meine Pfadfinderkladde; wo sie jetzt sind – keine Ahnung. Meine Mutter kann ich nicht mehr fragen; sie starb, bevor ich merkte, wie wertvoll die Karten geworden waren. Mit dumpfem Entsetzen stelle ich mir vor, wie es wahrscheinlich war: Mutter schmiß das ganze Zeug weg, als ich auf die Universität ging. Aber wie konnte ich damals wissen, daß Mickey Mantles Konterfei eines Tages mehrere tausend Dollar wert sein würde?

Kaum zu glauben, daß ich meinen alten Mustang, Baujahr 1965, für 400 Dollar verscherbelte! Heute ist er glatt das Zehnfache wert. Ich sage meinen Kindern immer: Werft nichts weg! Hebt es auf. Mietet euch eine Garage dafür, wenn es sein muß, aber werft nichts weg!

Mein Problem ist, daß ich nicht immer zwischen Schätzen und Sperrmüll unterscheiden kann. Ich habe im Laufe der Jahre etliche Schätze weggeworfen, weil sie wertloser Müll zu sein schienen. Sie sicher auch.

Und das wird uns immer wieder passieren. Wir bilden uns nämlich ein, den Unterschied zwischen Müll und Antiquitäten genau zu kennen. Ach ja, und den Unterschied zwischen Segen und Fluch. Dies hier ist ein Segen – ist doch klar, sieht doch ein Blinder! Und das da – na, das ist ein Fluch, kein Segen; weg damit!

Wir Menschen haben einen peinlichen Fehler: Wir bilden uns ein, daß wir alles und jedes in unserem Leben fein säuberlich in die Streichholzschachteln von Gut und Böse, Fluch und Segen einordnen können. Und dann besucht uns ein König, der sich als Bettler verkleidet hat, und ein Segen, der wie ein Fluch aussieht, und oft beherbergen wir Engel und wissen es nicht.

Wie schön wäre es, wenn wir in die Zukunft sehen und im voraus wissen könnten, was man wegwerfen kann und was man besser aufhebt und aus welchem Müll einmal eine Antiquität werden wird. Ja, schön wäre es . . .

Eine harte Lektion

Was ich jetzt sage, sage ich ungern, weil ich es eigentlich selber nicht hören will. Aber *die größten Dinge, die Gott in meinem Leben getan hat, waren Dinge, die ich nicht mochte – und nicht wollte.* Wir kämpfen gegen eben die Dinge an, mit denen Gott uns segnen will. Wie einst Jakob, versuchen wir oft, unsere Segnungen wegzuwerfen.

Aber manchmal erleben wir, wieder wie Jakob, wie vor unseren Augen und während wir noch dagegen anstrampeln, Sperrmüll sich in Antiquitäten verwandelt.

Wie wir im letzten Kapitel schon sahen, hatte Gott Jakob dort, wo er ihn haben wollte: Er war allein, ohne Hilfe, im Griff eines unbekannten Angreifers; es gab kein Entkommen.

Jakob ringt und kämpft um sein nacktes Leben – und plötzlich wird alles anders. Auf einmal versucht der Angreifer, sich loszureißen, und es ist Jakob, der nicht locker läßt: »Ich lasse dich erst los, wenn du mich gesegnet hast!« Jakob hat begriffen, daß er nicht mit einem Fluch kämpft, sondern mit einem Segen.

Und dies ist mit das Erstaunlichste an dieser ganzen Geschichte: Was Jakob eben noch loswerden wollte, das umklammert er jetzt. Und so verwandelt Gott einen Jakob in einen Israel.

Ich wiederhole: *Das, wogegen ich ankämpfe, ist vielleicht genau das, womit Gott mich segnen will.*

Weltfremd

Ich bin dabei zu lernen, daß Glaube mehr ist als die Macht, die Dinge besser zu machen. Oh, wie gerne würden wir das tun! Aber das ist nicht die eigentliche Macht des Glaubens.

Apropos Macht: Viele heutige Christen sind geradezu besessen davon. »Power« ist in, auch in der Religion: Power-Glaube, Power-Sprache, Power-Bilder. In seinem unter die Haut gehenden Buch *God and Human Suffering* (»Gott und das menschliche Leid«) zitiert Douglas John Hall den japanischen Theologen Kosuke Koyama:

Der Name »Jesus Christus« ist nicht ein magischer Name, welcher die zerbrochene Welt augenblicklich in ein Paradies verwandelt. Hat nicht die wahre Dimension der Herrlichkeit dieses Namens gelitten, seit der mit diesem Namen verbundene Glaube zur Staatsreligion des Römischen Reiches wurde? Ist es nicht schwierig gewesen, das Stolpersteinhafte dieses Namens zu erhalten, als die Kirche die herrschende soziale Gruppe wurde? Wie konnte eine angesehene Kirche noch den gekreuzigten Christus predigen? Der Name Jesus Christus ist nicht mächtig im Sinne kaiserlicher Macht. Er ist ein »schwacher« und »törichter« Name (1. Korinther 1, 21-25)! . . . Jesus Christus ist keine schnelle Patentantwort. Wenn Jesus Christus die Antwort ist, dann so, wie seine Kreuzigung es zeigt.[1]

Hall weiter: »Die Kirche . . . hat ihre Botschaft durch den Filter weltlicher Macht und Herrlichkeit laufen lassen.«[2] In unserem Bemühen, die Welt durch Beeindrucken zu gewinnen, haben wir die konfrontierende Sprache des Kreuzes gegen die Werbesprache von Macht, Kraft, Erfolg und Sieg getauscht. Aber die eigentliche Macht des Glaubens ist eine Macht, die die Welt Schwachheit nennt, und der Sieg des Glaubens ist ein Sieg, den die Welt Niederlage nennt.[3]

Der Christus, dem wir folgen möchten, wurde »durch Leiden zur Vollendung geführt« (Hebräer 2, 10). Wir dagegen wollen lieber Vollendung durch Erfolg. Aber was Gottes Gnade selbst bei Christus nicht tat, wird sie auch bei uns nicht tun – uns das Leiden ersparen.

Nicht werbewirksam

Jesus war brutal ehrlich. Er ließ seine Jünger nie im Ungewissen darüber, was auf sie wartete; er blendete sie nicht mit großen Versprechungen von Reichtum, Ehre und Macht. Statt dessen sprach er von Kreuz und Selbstverleugnung, von Verfolgung und Spott, vom Verlieren, um zu finden, vom Sterben, um zu leben. Nie versprach er seinen Jüngern ein Schlaraffenland.

Hören wir, wie er in Johannes 21 seine Berufung von Simon Petrus erneuert. Der auferstandene Herr hat mit seinen Jüngern ein Mahl aus Brot und Fisch, das er selbst zubereitet hat, eingenommen und lädt nun Petrus zu einem kleinen Spaziergang ein. Während sie gehen, fragt er plötzlich: »Simon, Sohn des Johannes, liebst du mich mehr als die anderen hier?«

Petrus antwortet: »Ja, Herr, du weißt, daß ich dich liebe.«

Darauf Jesus: »Sorge für meine Lämmer« (Vers 15).

Das geht dreimal so, und dann kommt Jesus richtig zur Sache: »Ich versichere dir: Als du jung warst, hast du deinen Gürtel selbst umgebunden und bist gegangen, wohin du wolltest, aber wenn du einmal alt bist, wirst du deine Hände ausstrecken, und ein anderer wird dich binden und dich dorthin führen, wohin du nicht gehen willst« (Vers 18).

Der Evangelist erklärt uns in Vers 19, daß Jesus mit diesen Worten andeutete, »mit was für einem Tod Petrus einst Gott ehren werde«.

Und nachdem Jesus das gesagt hat, sagt er zu Petrus: »Geh mit mir!«

Ich habe hier an den Rand meiner Bibel geschrieben: »Nicht sehr werbewirksam, schlechte Psychologie«.

Jesus hätte doch sagen können: »Petrus, wenn du mir

nachfolgst, wirst du weltberühmt. Du wirst die Pfingst-
predigt halten, du wirst einen Teil der Bibel schreiben, und
viele Leute werden dich den ersten Papst nennen.« Das
nenne ich Werbung!

Aber alles, was Jesus Petrus versprach, war der Märty-
rertod.

Vor einigen Jahren überarbeitete die Kirche, zu der ich
gehöre, ihr Gesangbuch. Etliche neue Lieder wurden auf-
genommen, einige alte weggelassen. Zu den weggelasse-
nen gehörte eines meiner Lieblingslieder: »Jesus, I My
Cross Have Taken«. Kennen Sie es? Die erste Strophe
lautet im Deutschen etwa so:

> Herr, mein Kreuz, ich nehm' es auf mich,
> dir zu folgen, dir allein;
> Armut, Spott und Hohn erkauf' ich,
> du sollst mir mein alles sein.
> Weg, ihr Schätze dieser Erde,
> eitle Träume, nicht'ger Tand!
> Herrlich ist mein Himmelserbe,
> Jesus reicht mir seine Hand.

Und in den anderen Strophen kommen Wendungen vor
wie »Laß die Welt mich frech verachten« und »Wenn auch
Feind und Freund mich meiden«.

Ich ging zu einem Mitglied des Gesangbuchrevisions-
komitees und fragte ihn, warum sie dieses Lied herausge-
nommen hatten. Seine Antwort: »Wir fanden, daß es ein
schlechtes Selbstbild bringt und zu Minderwertigkeits-
problemen beitragen kann.«

Mit anderen Worten: Es war nicht werbewirksam genug.

Ausweichen oder aushalten?

Wir sind alle gut im Ausweichen. Aber Aushalten? Wer will das schon, wenn man auch ausweichen kann? Und so versuchen wir wacker, aus dem christlichen Glauben eine Fluchtreligion zu machen. Aber wenn ich Jesus nachfolgen will, dann darf ich nicht vergessen, daß er selber nicht die Flucht, sondern das Ausharren gewählt hat. Er hätte fliehen können, aber er tat es nicht. Wir können nicht fliehen, aber wir bringen uns schier um bei dem Versuch. Und je mehr unsere Gedanken um das Ausweichen kreisen, um so weniger Kraft haben wir zum Aushalten.

Noch einmal: Glaube ist nicht notwendigerweise die Macht, die Dinge so zu machen, wie wir sie haben wollen; er ist der Mut, ihnen so ins Auge zu sehen, wie sie sind.

Wie war das noch, als der schlafende Jesus und seine Jünger im Boot von einem Sturm überrascht wurden? (Nachzulesen in Markus 4, 35-41.) Die Jünger schüttelten Jesus wach und schrien: »Kümmert es dich nicht, daß wir untergehen?« Worauf Jesus zwei Dinge tat: Er stillte den Sturm und tadelte die Jünger wegen ihres kleinen Glaubens. Aber nicht, weil ihr Glaube zu klein war, um selber den Sturm zu stillen – sondern weil sie nicht genug Glauben hatten, um mitten in dem Sturm ruhig zu bleiben, besonders wo doch Jesus mit im Boot war.

Daß mich niemand mißverstehe: Ich werbe hier nicht für passive Resignation. Wenn ich ein Problem beheben kann, dann sollte ich das tun. Wenn ich Kopfschmerzen habe, nehme ich eine Tablette. Resignation bedeutet, daß ich aufgebe, mich in ein Schneckenhaus des Selbstmitleids zurückziehe und nichts, aber auch gar nichts Gutes und Sinnvolles mehr in meiner Lage sehen kann. Ich gebe das Leben auf und fürchte es mehr als den Tod.

Sinn im Leiden? Der Psychotherapeut Viktor Frankl

sagt, daß Leiden nur Sinn hat, wenn es unausweichlich ist. »Wenn es unnötig ist, ist das einzig Sinnvolle, seine Ursache zu beseitigen, denn unnötiges Leid ist nicht heroisch, sondern masochistisch. Wo der Mensch jedoch die Situation, die sein Leid hervorbringt, nicht ändern kann, kann er immer noch seine Einstellung zu ihm wählen.«[4]

»Ich habe Gott gesehen«

Als Jakob am nächsten Morgen forthinkt, nennt er den Ort seines unheimlichen Kampfes *Penuël* (»Gesicht Gottes«), denn, so sagt er: »Ich habe Gott selbst gesehen, und ich lebe noch!« Er hätte ihn auch »Ort des Ringens« oder »Schmerzensort« nennen können, was völlig korrekt gewesen wäre. So nennen wir ja manchmal die Ringkämpfe unseres Lebens, und das sagt einiges über uns aus.

Wir können diese unheimlichen Begegnungen nur *Penuël* nennen, wenn wir sehen, was wirklicher Glaube ist:

- die Weisheit, in scheinbarem Abfall Schätze zu erkennen;
- der Mut, die Dinge so zu sehen, wie sie sind, und nicht so, wie wir sie gerne hätten;
- die Kühnheit, diese Dinge wie ein Ringkämpfer zu pakken, zu sagen: »Ich lasse dich erst los, wenn du mich gesegnet hast« und so aus unserer größten Schwäche unsere größte Kraft zu machen.

Dann, und nur dann, werden diese »Dinge« Treibstoff werden für unsere Glaubensreise und Steine zum Bau eines Lebens in der Nachfolge Christi.

KAPITEL 7

Von Weizen und Unkraut

»Ich lasse dich erst los, wenn du mich gesegnet hast!«

Der Schrei eines verletzten Menschen, dem der Schlag des Engels die Hüfte ausgerenkt hat und der doch seinen Angreifer nicht losläßt. Der Aufschrei eines Verzweifelten, der gegen allen Schmerz sich weigert, den Engel loszulassen, solange der Engel nicht den Segen losgelassen hat, den er sucht. Überall, wo Menschen so hartnäckig und verzweifelt Gottes Angesicht suchen, ist dies das Ergebnis: »Und er segnete ihn.«

Zwei Dinge fallen auf bei diesem Segen. Erstens: Dies ist das einzige Mal in der Bibel, wo jemand Gott einen Segen gleichsam abtrotzt. Dies ist höchst ungewöhnlich; normalerweise wird ein Segen ja aus freien Stücken gewährt.

Aber diesen Segen mußte Jakob sich buchstäblich erkämpfen. Es war das erste Mal in seinem Leben, daß er sich etwas erkämpfen mußte. Jakob war immer der Raffinierte gewesen, der sich durch cleveres Taktieren holte, was er wollte. Aber Gott kann er nicht austricksen.

Zweitens: Das Wort »segnen« bedeutet hier eine Übertragung von Macht. Daß der Engel Jakob segnet, bedeutet, daß er ihm seine Kraft überträgt. Man stelle sich das vor: die Kraft eines Engels!

Aber in eben dem Augenblick, wo er ihm seine Kraft überträgt, gibt er ihm auch den Schlag auf die Hüfte, der ihn für den Rest seines Lebens hinken läßt.

Jakob bekam, was er wollte – und damit auch etwas, was

er nicht wollte. Gutes und Schlechtes liefen parallel und erreichten ihn gleichzeitig.

Probe oder Ernst?

Ich habe das Leben lange durch eine Zerrbrille betrachtet. Ich schaute mir mein Leben an und sagte: Na, da ist einiges Gutes drin, aber auch 'ne Menge Schlechtes. So kann das nicht richtig sein. Ich mache jetzt einfach mal 'ne Pause und warte ab, bis der Regen vorbei ist; danach gibt's bestimmt nur noch Sonnenschein, und dafür ist das Leben doch schließlich da.

Sie fühlen sich nicht angesprochen? Haben Sie noch nie versucht, Ihr Leben auf Eis zu legen? Wenn ich die Schule abgeschlossen habe, wenn die Kinder aus dem Haus sind, wenn ich meine Ausbildung fertig, meinen Traumjob bekommen habe, dann . . .

Die meisten Menschen tun so, als sei ihr Leben nur eine Probe, und wenn die vorbei ist, dann wird das »richtige« Leben anfangen. Aber, wie jemand gesagt hat: »Das Leben ist das, was uns passiert, während wir auf das Leben warten.«

Wir idealisieren das Leben. Wenn Gott wirklich unser Leben lenkt, dann kann es doch nur eitel Sonnenschein werden. Denken wir. Aber, wie Lewis Smedes sagt: »Vergessen wir nicht, daß wir immer wieder ›trotz allem‹ dankbar sind. Zum Silberstreifen am Horizont gehört immer eine Regenwolke.«[1]

Das Geheimnis von Gut und Böse

Kennen Sie das Gleichnis Jesu vom Unkraut im Weizen (Matthäus 13, 24-30 und 36-43)? Ein Bauer sät Weizen in sein Feld. In der Nacht kommt sein Feind und sät Unkraut dazwischen. Die Knechte merken, was geschehen ist, und fragen ihren Herrn: »Sollen wir hingehen und das Unkraut ausreißen?« Klar, was sonst? Unkraut muß man ausreißen. Denken wir.

Aber ihr Herr gibt eine überraschende Antwort: »Nein, sonst könntet ihr aus Versehen den Weizen mit ausreißen. Laßt beides bis zur Ernte wachsen.«

Jesus spricht hier eines der größten Geheimnisse des Lebens an: das Geheimnis von Gut und Böse. Als die Knechte das Unkraut sahen, war ihre erste Frage: »Herr, du hast doch guten Samen auf deinen Acker gesät; woher kommt das ganze Unkraut?«

Und das ist doch unser aller Aufschrei: »Wo kommt dieses Böse her? Ich habe doch in meinem Leben, in meiner Familie, in meinen Kindern guten Samen gesät. Wo kommen all diese elenden Enttäuschungen und dieses Herzeleid her? Warum wird mein Leben so vom Bösen überwuchert?«

Und wir schreien weiter, noch lauter: »Warum tut Gott nichts dagegen? Warum schaut er zu, wie diese Giftranken alles zu ersticken drohen?«

Das Geheimnis von Gut und Böse liegt genau hierin: Sie sind miteinander vermischt. Das ist der springende Punkt in diesem Gleichnis Jesu.

Überlasse das Urteilen Gott

»Laßt beides wachsen«, sagt Jesus. »Zwischen den Weizen« hat der nächtliche Feind das Unkraut gesät; der griechische Ausdruck bedeutet soviel wie »mitten durch den Weizen hindurch, dazwischen und darüber«. Die Wurzeln von Unkraut und Weizen sind so ineinander verheddert, daß man beim Ausreißen des Unkrauts unweigerlich den Weizen mit ausreißen würde. Wir könnten das Böse nicht ausrotten, ohne das Gute mit zu vernichten. Wir müssen bis zur Ernte warten, wenn alles abgeschnitten und anschließend das Unkraut vom Weizen getrennt wird.

Seien wir uns darüber im klaren: Gott hat sein Feld im Griff. Es ist *sein* Feld, er weiß, wie er es zu bestellen hat. Er wird sich zu seiner Zeit auch um das Unkraut kümmern.

Ich schreibe dies nur zögernd, aber es scheint wirklich so zu sein: *Der einzige Grund, warum Jesus nicht will, daß wir das Unkraut (das Böse) ausreißen, ist, daß wir den Weizen (das Gute) mit ausreißen könnten.* Wir sind einfach nicht immer in der Lage, Gut und Böse genau auseinanderzuhalten. Wir neigen zu voreiligen Urteilen. Jesus sagt uns klipp und klar, daß wir das Urteil Gott überlassen sollen: Er selber wird es fällen, am Ende der Zeit.

Kennen Sie dieses Lied?

> Es ist ein Born, draus heil'ges Blut
> für alle Sünder quillt,
> ein Born, der lauter Wunder tut
> und jeden Kummer stillt.

Oder dieses – »O for a Closer Walk with God« (»Gott, zieh mich näher hin zu dir«)?

> Wo ist der ersten Liebe Glut,
> als ich den Heiland fand,
> als ich mich barg in seiner Hut,
> sein Wort an meiner Hand?

> Wo ist der Friede, den ich fand
> so tief in meinem Herz?
> Die ganze Welt und all ihr Tand
> nicht stillen kann den Schmerz.

O heil'ger Geist, komm neu herbei
mit deiner heil'gen Lieb'!
Ich haß die Sünd', die uns entzweit
und dich aus mir vertrieb.

William Cowper, der große englische Kirchenlieddichter des 18. Jahrhunderts, schrieb diese Verse.

Er schrieb auch das Lied »God Moves in Mysterious Ways, His Wonders to Perform« (»Gottes Wege sind verschlungen, wenn er seine Wunder tut«). Er schrieb es kurz vor seinem zweiten Selbstmordversuch.[2]

Moderne Psychiater haben Cowpers Zustand als manisch-depressiv diagnostiziert. Sein ganzes Leben lang – vor wie nach seiner Bekehrung – fiel der Dichter immer wieder in schwerste Depressionen; er selber nannte sie »Wahnsinn«.

Das letzte Viertel seines Lebens lebte er völlig zurückgezogen und betrat keine Kirche mehr. Aber, wie ein Autor schreibt: »Seine Lieder waren da. Und sie sind immer noch da – Zungen für den Schmerz des Zweifelnden, des Schwachen, des Leidenden. Jedesmal, wenn ich sie höre, muß ich den Mann bewundern, der trotz allem weiter schrieb.«[3]

Gutes und Böses parallel.

Freude durch Leid

Oder George Matheson. Kennen Sie seine Geschichte? Er war ein begabter junger Mann, dessen Zukunft in den hellsten Farben leuchtete. Aber dann begann er sein Augenlicht zu verlieren. Seine Verlobte, die nicht für den Rest ihres Lebens an einen Blinden gebunden sein wollte, löste die Verlobung. Aus seinem zerbrochenen Herzen heraus schrieb Matheson:

O abgrundtiefe Liebeshand,
dir geb' ich mein zerbrochnes Herz,
dem Meer der Liebe, das mich fand,
das mich hinträgt zum Friedensstrand,
wo stille wird der Schmerz.

Aber mein Lieblingsvers ist dieser hier:

O Freude, die durch Leid mir spricht,
ich öffne dir mein Herze weit.
Ich ahn' im Wolkenkleid das Licht
und halt' mich an die Zuversicht:
Der Morgen stillt das Leid.

Freude durch Leid. Licht hinter den Wolken. Gutes und Böses nebeneinander. Ja, es ist wahr. »Auch unsere eigenen besten Worte und Taten müssen wir immer wieder aus dem Gestrüpp unserer innersten Motive herausziehen.«[4]

In einer Stadt des Mittleren Westens der USA traf ich vor einigen Jahren ein Ehepaar, das mir eine Geschichte erzählte, die nur zu häufig, aber deswegen nicht weniger schmerzlich ist. Ihre Tochter verliebte sich in einen jungen Mann, dessen Charakter ihnen nicht geheuer war. Sie taten, was gute Eltern in einem solchen Fall tun: Sie versuchten ihre Tochter vor ihrem Zukünftigen zu warnen und rieten ihr, das Verhältnis zu beenden. Worauf sie so reagierte wie die meisten Töchter: Sie schlug die Warnungen in den Wind und heiratete den jungen Mann. Leider hatten ihre Eltern ihn richtig eingeschätzt; mehrere Jahre und zwei kleine Kinder später verließ er sie.

Sie weinten, als sie mir erzählten, was ihre Tochter alles mitgemacht hatte an Schmerz und Enttäuschung und Demütigung. Es ging mir an die Leber.

Als ich dann wieder in meinem Auto saß, versuchte ich

mir vorzustellen, wie das wäre, wenn ich Gott wäre. Passiert Ihnen das auch manchmal? »Wenn ich Gott wäre, dann . . .« Ja, wir würden sie in Ordnung bringen, die Welt, nicht wahr? Wenn Gott nur wüßte, was für gute Ideen wir haben.

Ich stellte mir also vor, wie toll es wäre, wenn Gott mir erlauben würde, den Lebenskalender dieser Familie einfach zurückzustellen. Ich würde ihnen sagen: »Leute, Gott hat mir die Macht gegeben, das ganze Elend ungeschehen zu machen. Ich kann die Uhr so zurückstellen, daß eure Tochter nie diesen jungen Mann trifft, sich nie in ihn verliebt, ihn nicht heiratet und nicht von ihm sitzengelassen wird. Ich kann es hinkriegen, daß es all diese Not und Tränen nie gegeben hat. Wollt ihr das? Ihr braucht nur Ja zu sagen, und ich mache es sofort.

Ach ja, das muß ich natürlich auch erwähnen: Wenn ich dieses schreckliche Drama auslösche, müßt ihr natürlich auch eure beiden Enkelkinder aufgeben.

Oh – das erschreckt euch? Ja, nun, beides haben könnt ihr natürlich nicht. Wenn eure Tochter diesen jungen Mann gar nicht kennengelernt hat, kriegt ihr natürlich auch nicht diese beiden Enkel.

Ihr wollt endlich dieses Elend loswerden? Klar, natürlich, wird gemacht. – Aber die Enkelkinder wollt ihr behalten? Also, wie ich schon sagte, beides zusammen geht nicht, wirklich nicht, ihr müßt euch schon entscheiden. Also – wie wollt ihr es haben?«

Ich bin selber kein Großvater und kann hier vielleicht nicht voll mitreden. Aber viele, viele Großväter und Großmütter haben mir versichert, daß sie niemals ihre Enkelkinder würden missen mögen, egal wie groß der Schmerz ist.

Wie können wir behaupten, daß das, was in dieser Familie geschah, ganz und gar böse war, wenn zwei kostbare

56

Kinder daraus entsprungen sind, für die man sein Leben geben möchte? Gut und Böse parallel zueinander . . .

Am Morgen danach

Die Sonne kriecht den Morgenhimmel hoch. Jakobs Frauen und Kinder stehen erwartungsvoll am Ufer des Jabbok.

Die lange Wartenacht ist vorbei. Plötzlich ruft jemand: »Da kommt er!«

Ja, da kommt er. Jakob watet durch die Furt. Aber was ist das? Er hinkt!

»Sieht nicht gut aus«, sagt jemand. »Ist wohl im Dunkeln gestolpert und hat sich das Bein verrenkt.«

Jakob kommt langsam näher, und es sieht wirklich nicht gut aus. Seine Kleider sind verdreckt und zerrissen, das Haar zerzaust, auf den Wangen hat er blaue Flecke. Er sieht aus wie ein Boxer nach dem K.o.

Sie rennen zu ihm. »Jakob! Jakob! Was ist passiert?«

Jakobs Augen strahlen. »Oh, ich bin gesegnet worden.«

Kopfschüttelnd schauen sie ihm nach, wie er weiterhinkt. Einer flüstert: »Das soll ein sieghafter Christ sein?«

ZWEITES BUCH

DIE STIMMEN DES SCHWEIGENS

ERSTER TEIL:

Ohne Antworten leben

Der schweigende Gott

Ein schwaches Rosa kriecht im Osten hoch,
hinter dem spitzen Grau der Fragenwand,
als ob versteckt des Hohenpriesters Haupt
zu leuchten anfängt hinter fester Tür:
Gleich kommt der goldnen Schwingen voller Glanz!
Er kommt nicht. Und ich stolpre weiter fort
zum Tag des Herrn, der ach so langsam kommt.

George MacDonald

Verzagtes Herz,
o dränge nicht das tiefverhüllte Warum.
Siehe, es schweigt und antwortet nicht.

Edna St. Vincent Millay

Wenn ich Gott diese Fragen vorlege, bekomme ich keine
Antwort. Aber »keine Antwort« in einem ganz besonderen Sinne. Nicht die hart verschlossene Tür, sondern
mehr ein stilles, barmherziges Auge, das mich anblickt.
So, als ob Gott sachte seinen Kopf schüttelt – nicht abweisend, sondern die Frage sanft beiseite schiebend –
und mir sagt: »Still, Kind, das verstehst du jetzt nicht.«

C. S. Lewis

KAPITEL 8

Warum?

Meine erste Begegnung mit panischer Angst hatte ich fünf Tage nach Weihnachten 1984.

Wir waren zu Besuch bei meiner Schwiegermutter, und da sie schon sechs andere Gäste hatte, übernachteten wir in einem nahegelegenen Motel. An unserem letzten Abend fuhren wir gegen Mitternacht in das Motel zurück. Ich lieferte meine Frau, Tochter und Schwiegertochter (unser Sohn war schon vorgefahren) in der Lobby ab und fuhr das Auto auf den hell erleuchteten Parkplatz hinter dem Gebäude. Ich fand nach etwas Suchen einen freien Platz, stellte den Wagen ab und holte zwei kleine Taschen aus dem Kofferraum. Ich schloß den Kofferraumdeckel gerade wieder, als hinter mir ein Wagen mit zwei Männern anhielt. Der Beifahrer stieg aus und kam in einer Whisky-Wolke auf mich zu. Als er seinen Mund aufmachte, konnte ich ihn kaum verstehen, aber offenbar wollte er wissen, wie er zu einer bestimmten Straße in der Innenstadt kam. Nanu, so etwas fragte man doch keine Motel-Gäste! Und hatte ich den Wagen nicht vorhin schon um das Motel herumfahren gesehen, als ich meinen Parkplatz suchte? Alarmstufe eins.

»Tut mir leid, ich bin auch nicht von hier«, sagte ich und marschierte auf den Hintereingang des Hotels zu.

Der Mann kam hinter mir her und packte mich am Arm. »Die Taschen her!«

Ich schüttelte ihn ab und rannte weiter. Er packte mich wieder, riß mich herum und zeigte mit seiner linken Hand auf meinen Kopf. In der Hand war ein Revolver.

»Taschen her!« wiederholte er.

Sein Komplize, der am Steuer sitzengeblieben war, brüllte irgend etwas. Dann verstand ich die Worte: »Leg ihn um! Leg ihn um!«

Der Mann mit der Kanone langte nach meinen Taschen. »Ich knall' dich ab«, sagte er.

Ich wich kopfschüttelnd zurück. Wachte oder träumte ich? Meinte der das wirklich ernst? So schnell ging es im Fernsehen doch nie, der machte sicher nur einen Witz!

Aber da stieß er mich schon gegen ein geparktes Auto. Ich stolperte und landete, die Taschen immer noch in der Hand, platt auf dem Rücken. Ein Blitz und ein Knall, und scharf rechts von meinem Kopf schlug die Kugel in das Pflaster ein. Ich weiß noch, wie ich dachte: »Aha, eine 22er.«

Wenn dieser Bursche mich wirklich umlegen wollte, kämpfte ich wohl besser um mein bißchen Leben. Ich ließ die Taschen los und packte den Revolver. Einen Augenblick lang dachte ich, ich hätte ihn. Aber selbst mit seiner Whiskyladung im Gehirn war der andere stärker als ich, und seine strategische Position – ich auf dem Boden, er über mir – war entschieden zu seinen Gunsten. Er riß die Waffe fluchend zurück und schrie, vor Wut zitternd: »Ich mach' dich kalt, du, du . . .« Worauf mein einziger Gedanke war: *Mein Gott, soll ich auf einem Holiday Inn-Parkplatz sterben?* Nein, nichts Erbauliches, auch keine Vision von offenen Himmeln, mit dem heiligen Petrus an der Pforte und einem Engelchor, der »Näher, mein Gott, zu dir« sang. Noch nicht einmal der obligatorische Kurzfilm meines gesamten Lebens.

Das Gesicht des Ganoven hing über mir, die Pistole wies auf den Punkt zwischen meinen Augen. »Ich mach' dich kalt«, wiederholte er.

In einer Ur-Schreckensgeste schlug ich die Arme vor

mein Gesicht, preßte meine Augen zusammen und wartete.

Nichts. Ich öffnete die Augen wieder und sah, wie der
Mann die Pistole senkte, die Taschen hochnahm und zurück zu dem Auto rannte. Ich rappelte mich gerade hoch,
als ich hörte, wie sein Komplize am Steuer sagte: »Geh
zurück und knall ihn ab!« Ich mochte diesen Komplizen
immer weniger.

Der Mann mit der Pistole murmelte etwas, warf meine
Taschen in den Wagen und kam zurückgerannt. Ich wußte,
daß ich es nicht bis zur Tür des Hotels schaffen würde. Ich
warf mich hinter den nächsten Wagen und machte mich so
klein wie möglich.

Auf halbem Weg zu mir blieb er abrupt stehen, wirbelte
herum und rannte zurück zu seinem Komplizen. Ich hörte, wie die Autotür zuschlug und der Wagen mit quiet-
schenden Reifen wegfuhr. Irgend jemand in dem Motel
hatte den Schuß gehört, war zum Fenster gerannt und
trommelte gegen die Scheibe. Offenbar wollte der verhin-
derte Mörder keine Zeugen. Dieser Zeuge hat mein Leben
gerettet.

Als die Ganoven ein halbes Jahr später vor Gericht
standen, erklärte der Staatsanwalt der Jury: »Mr. Dunn
wäre heute nicht unter uns, wenn der Angeklagte ein
besserer Schütze gewesen wäre.«

Das fand ich auch.

Später sagte ich zu einem Freund: »Gott sei Dank, daß
der Knabe ein so miserabler Schütze war.«

»Er war kein miserabler Schütze«, antwortete mein
Freund. »Das hatte nichts damit zu tun. Gott hat dich
beschützt.«

Wohl wahr.

Ein anderer Freund meinte: »Dein Schutzengel hat auf
deiner Schulter gesessen und die Kugel abgelenkt.«

Auch wahr.

Aber dann denke ich an einen Freund und seine Frau, die vor einigen Jahren in ihrem eigenen Wohnzimmer von Einbrechern erschossen wurden, und eine höchst unfromme Frage bohrt sich durch meinen Kopf und zerreißt meine ganzen schönen Erklärungen: Wo waren denn *ihre* Schutzengel? Warum hat Gott *sie* nicht beschützt?

Die altbekannte Frage

Wenn das ersehnte Wunder, um das wir so gebetet haben, nicht kommt – dann kommt sie, die Frage der schlaflosen Nächte: *Warum?*

Albert Camus sprach für viele, als er sagte: »Ich will entweder alles erklärt haben oder nichts. Und die Vernunft ist vor diesem Schrei des Herzens machtlos. Der so geweckte Geist sucht und findet nur Widersprüche und Faseleien ... Könnte man ein einziges Mal sagen: ›Das ist klar‹, dann wäre alles gerettet.«[1]

Machen wir uns nichts vor: Das Leben ist nicht fair. Wir leben in einer ungerechten Welt. Tagtäglich sehen wir uns mit den elementaren Mächten und fundamentalen Kräften der menschlichen Existenz konfrontiert, »den dunklen Rätseln des Lebens«. Die Frage, warum das alles so ist, läßt uns nicht los. »Kein Wasserschwall von Reden, sondern nur ein Worttröpflein von fünf Buchstaben ist diese Frage: ›Warum?‹ Diese Frage kann die tödliche Wunde unserer Seele werden.«[2]

Die Frage ist furchtbar, kläglich, unausweichlich – und völlig normal.

Ich sage hier nichts Neues. Zu allen Zeiten haben Leidende mit diesem finsteren Feind gekämpft. Im 37. Psalm klagt der Dichter bitter über die Bösen in der Welt, denen ihre Taten und Pläne gelingen. Und in Psalm 73, Vers 3 heißt es: »Ich war eifersüchtig auf die Menschen, die nicht nach dem Willen Gottes fragen; denn ich sah, wie gut es ihnen geht.«

Ich habe junge Väter und Mütter beerdigen müssen, prächtige Menschen und Christen, die plötzlich und grausam aus dem Leben gerissen wurden, und habe mich gefragt, was das für eine Welt ist, in der so viele andere, die böse und rücksichtslos sind, ohne Sorgen alt und grau werden.

Der Kolumnist Jory Graham verspürte den gleichen hilflosen Zorn, als er mit dem Krebs kämpfte:

> Warum ich, und nicht der Kerl eine Straße weiter, der säuft und Frau und Kinder schlägt? Warum ich, und nicht mein machtlüsterner Abteilungsleiter? Warum ich, in meinen besten Jahren, und nicht die halbverrückte Alte, die die Mülltonnen nach Eßbarem durchwühlt? Warum ich, und nicht die wirklich bösen Menschen in dieser Welt?[3]

Eins zu Null für die Atheisten

C. S. Lewis war vor seiner Bekehrung Atheist. Später schrieb er, daß, hätte ihn damals jemand gefragt, warum er nicht an Gott glaubte, er seinen Finger auf die Ungerechtigkeit in der Welt gelegt und gesagt hätte:

> Alle Geschichten enden im Nichts. Am Ende wird sich zeigen, daß das ganze Leben nichts als eine vorübergehende, sinnlose Kräuselung auf dem Idiotengesicht der unendlichen Materie war. Wenn Sie mich auffordern zu glauben, daß diese Welt das

Werk eines guten, allmächtigen Geistes ist, dann
antworte ich, daß sämtliche Indizien in die entge-
gengesetzte Richtung weisen. Entweder es gibt keinen Geist hinter dem Universum, oder aber diesem
Geist sind Gut und Böse egal – wenn er nicht sogar
selber böse ist.[4]

Die Atheisten haben eigentlich ein ganz gutes Argument.
Die Frage »Warum?« war schon immer unbequem – es gibt
einfach keine Antwort. Sie ist das schwarze Schaf unserer
Gedanken, das *enfant terrible* für den Rest der Familie.

Es sind nicht die Alltagsprobleme, die unser kleines
Lebensparadies in ein Schlachtfeld verwandeln; es sind die
Hinterhalte des Schicksals. Wir sind einfach nicht vorbe-
reitet auf die plötzlichen Zickzackkurven unserer Lebens-
autobahn. Eben glaubten wir noch, das Lenkrad jetzt endlich fest im Griff zu haben, und dann werden unsere
Hände taub und unsere Ausrufezeichen verwandeln sich
in Fragezeichen. Das Unerwartete und das Unerklärliche
– das ist es, was uns aus dem Gleichgewicht wirft.

In den nächsten beiden Kapiteln will ich versuchen,
mein Gleichgewicht wiederzufinden. Kommen Sie mit.

KAPITEL 9

Warum ich?

Zu Weihnachten 1972 schenkte ich meiner Frau eine goldene Armbanduhr. Auf der Rückseite war eingraviert:

Für Kaye, in Liebe
1972
»Es war ein gutes Jahr«

Ich wußte noch nicht, daß es für eine ganze Weile das letzte gute Jahr gewesen war, das wir gehabt hatten.

In den ersten Monaten des Jahres 1973 merkten wir, daß mit unserem 15jährigen Ronnie etwas nicht in Ordnung war. Er schien auf einmal ein ganz anderer zu sein als der Sohn, den wir bisher gekannt hatten. Seine Leistungen in der Schule ließen nach, und er wurde unerklärlich launenhaft: Am einen Tag fühlte er sich wie der große King, am nächsten war er unzugänglich, wütend und reizbar und am dritten mochte er sich selber nicht leiden, weil er sich so daneben benommen hatte.

Wir begriffen nicht, was da mit unserem Sohn vor sich ging. Anfangs dachte ich, das Problem habe etwas mit seinem Glauben zu tun. Fast drei Jahre lang sollten wir um Ronnie kämpfen und für ihn beten – aber es wurde immer schlimmer.

Als er einen Selbstmordversuch machte, ließen wir ihn zwei Wochen lang in der psychiatrischen Abteilung eines Krankenhauses untersuchen. Die Diagnose: Ronnie war manisch-depressiv – eine seelische Störung, die durch ein chemisches Ungleichgewicht im Gehirn verursacht wurde, das ihn immer wieder in die tiefsten Depressionen stürzte. Es war ein ständiges Auf und Ab zwischen »himmelhoch jauchzend« und »zu Tode betrübt«.

Der Arzt verschrieb ihm ein neues »Wundermedikament«, und es ging ihm sofort besser. Eine meiner vielleicht schönsten Erinnerungen ist die an den Tag, wo Ronnie endlich begriff, daß er krank war und daß seine Stimmungsschwankungen nicht seine Schuld waren.

Endlich wußten wir, was mit ihm los war. Und jawohl, es gab sogar eine Medizin dafür. Kaye und ich beteten mit neuer Energie. Wir hatten keine Zweifel, daß Gott Ronnie heilen würde; wir waren überzeugt, daß er uns eine ganze Reihe von Verheißungen gegeben hatte. Ich wußte einfach: Eines Tages würde auch er Pastor werden und sein Leben lang Gott dienen. Unser Alptraum war vorbei.

Das war im August 1975. Drei Monate später, am amerikanischen Thanksgiving Day (Erntedanktag), nahm Ronnie sich das Leben.

Der Arzt hatte uns davor gewarnt, daß Patienten wie Ronnie sich oft so gut fühlten, daß sie ihre Medizin nicht mehr regelmäßig nahmen; aber das Gleichgewicht der verschiedenen Stoffe in seinem Blut war so labil, daß eine einzige ausgelassene Dosis die Katastrophe bedeuten konnte. Und so legte Kaye ihm jeden Morgen die Tagesdosis hin, damit er sie mit in die Schule nehmen konnte (die Tablettenröhrchen selber mitnehmen durfte er nicht). Zwei- oder dreimal fand sie, als sie sein Hemd in die Waschmaschine steckte, die Tabletten noch in der Brusttasche.

An einem kalten, grauen Dezembernachmittag versammelten sich ein paar Freunde und Verwandte mit uns um den grauen Sarg, der die sterblichen Überreste von 18 Jahren Lachen und Tränen, Dreirädern und Baseballschlägern, Hoffnungen und Enttäuschungen, kurzen Hosen und Fahrstunden enthielt. Und als der Sarg langsam in das Grab hinabgelassen wurde, begrub ich mit ihm ein halbes Leben einfacher Antworten und ungestellter Fragen – bis auf die eine Frage: *Warum?* Ich versuche immer noch, sie zu begraben.

Nach einer solchen Tragödie haben die Hinterbliebenen nicht nur die Last der »normalen« Trauer zu tragen; sie müssen sich auch noch mit den Schuldgefühlen und dem Stigma herumschlagen, die dem Selbstmord nun einmal anhaften.

Die Psychiaterin Sue Chance schrieb über den Selbstmord ihres Sohnes:

> Alles, was ich denken konnte, war: »Wenn du so ein richtiger Versager sein willst, dann laß dein Kind Selbstmord begehen.« Es ist immer furchtbar, ein Kind zu verlieren, und ich habe wirklich ein Herz für solche Eltern, aber kein Selbstvorwurf der Welt – ob ich das Kind »nicht rechtzeitig« zum Arzt gebracht habe oder nicht, vor dem Krebs oder dem betrunkenen Autofahrer oder was immer schützen konnte – ist so aufwühlend und seelenzerreißend wie das Bewußtsein, daß mein Kind das Leben, das ich ihm gab, nicht aushalten konnte.[1]

Und dann gibt es natürlich jene gefühllosen Zeitgenossen wie den Mann, der mich fragte: »Glauben Sie, daß Selbstmörder in die Hölle kommen?«

Und da war noch etwas, das Ronnies Tod so besonders schmerzlich machte. Mehrere liebe Freunde hatten damals auch ihre Probleme mit ihren Teenagern; einige waren sogar wegen Drogen mit dem Gesetz in Konflikt gekommen. Unsere diversen Familien hatten sich zu einer Leidens- und Glaubensgemeinschaft zusammengeschlossen, in der alle fest überzeugt waren, daß Gott unseren Glauben und unsere Gebete beantworten würde.

Der einzige, der es nicht schaffte, war Ronnie. Die anderen brachte Gott wieder zurecht; nur unsere Gebete schien er überhört zu haben. Ich muß gestehen, daß es mir schwerfiel, mich mit den anderen Familien mitzufreuen, als ihre verlorenen Söhne und Töchter heimkehrten. Einmal ging ich nicht ans Telefon, als ein lieber Freund mir erzählen wollte, wie sein Sohn zurück nach Hause und zu Gott gefunden hatte. Ich wollte keine Freudenbotschaften über den Sohn von jemand anderem hören!

Anfangs versuchte ich natürlich, den »geistlichen« und »sieghaften« Christen zu spielen. Ich stellte Gott keine Fragen, war »dankbar in allen Dingen« und rief gehorsam mein »Preist den Herrn«, wie ein guter Katholik, der seinen Rosenkranz betet, oder ein tibetanischer Mönch, der seine Gebetsmühle dreht. Aber aus den Tagen wurden Wochen, aus den Wochen Monate, und ich begriff: Ronnie würde nie wieder nach Hause kommen. Ich fühlte mich verraten und verkauft. Die Betäubung des Trauerschocks ließ nach, und die Realität von Ronnies Tod hüllte mich wie ein schwarzer Nebel ein, bis der lang unterdrückte Schmerz und die Wut sich in einem »Warum, Gott?« entluden, das mehr Anklage als Frage war. Und in der Tat, das hebräische Wort für »Warum?« – es kommt am häufigsten in den Psalmen vor – ist »ein Aufschrei der Klage wie des Protestes. Es bringt das Problem menschlichen Leids vor Gott. Es fragt danach, warum und zu welchem Zweck Gott schweigt. Und es setzt voraus, daß dieses Leid ungerecht ist.«[2]

Aber wie ich auch schrie und bat und drohte – die einzige Antwort war ein Schweigen, das absolut und furchtbar war, ein Schweigen im Himmel.

Ich schreibe diese Zeilen nur zögernd. Ich glaube, daß

Trauer Privatsache ist. Ich habe nicht entfernt die Absicht, mein Elend zur Schau zu stellen. Ich bin auch kein Spezialfall, der ganz besonderes Mitleid verdienen würde; viele andere haben den gleichen Kampf durchgemacht, manche schlimmere Kämpfe. Warum erzähle ich also meine Geschichte? Für Sie. Und für mich selber.

Warum immer wieder »Warum«?

William Miller trifft ins Schwarze, wenn er sagt:

> Weil unser Bedürfnis nach Antworten so stark ist, werden wir, wo wir keine wirkliche Antwort, keinen Grund, keine Erklärung finden, uns selber eine Antwort zurechtzimmern. Mag sie auch nüchterne Außenstehende nicht überzeugen, sie stillt unser Bedürfnis, und darauf kommt es an. Viele der »Antworten«, die die Menschen sich ausdenken, sind eigentlich nichts als Beschönigungen und Platitüden – und trotzdem sind sie Erklärungsversuche und machen es so einfacher, den Verlust zu akzeptieren.[3]

Wir leben in einer Generation, wo jeder auf sein Recht pocht, informiert zu werden. Wir wollen alles wissen und alles erklärt bekommen, und die Medien lassen sich nicht lumpen und informieren uns über Jimmy Carters Hämorrhoiden, Ronald Reagans Dickdarm, George Bushs Abneigung gegen Brokkoli und Bill Clintons neuesten Haarschnitt. Im amerikanischen Kongreß sind heute Untersuchungsausschüsse häufiger als neue Gesetze (was vielleicht ganz gut so ist). Die Privatsphäre scheint zum Dinosaurierzeitalter zu gehören.

Aber mögen auch noch so viele Journalisten, Politiker

und Wahrsager unser »Recht auf Information« füttern, Gott hält sich nicht an diese Methode; er geht danach, welche Informationen gut für uns sind.

Aber wir fragen immer noch: Was finden wir denn so magisch, so heilsam daran, die Frage »Warum?« beantworten zu können? Ich möchte ein paar Gründe nennen.

Erstens: Jedes unbeantwortete »Warum?« stört *die Ordnung in unserem Leben.* Wir möchten so gerne in einer Welt leben, in der alles ordentlich, eingeteilt, sinnvoll ist. Es hat für alles eine logische Erklärung, einen triftigen Grund zu geben.

So war es eigentlich immer schon. James Crenshaw schreibt: »Um das Leben erträglich zu machen, glaubten die Alten an ein geordnetes Universum, im Makrokosmos wie im Mikrokosmos. Die Welt war – innerhalb gewisser Grenzen – berechenbar, war sie doch dem Willen ihres Schöpfers untertan ... Solange diese Überzeugung von einer grundsätzlichen Ordnung im Universum sich hielt, war das Leben im wesentlichen sinnvoll, auch wenn gelegentliche Störungen das Streben nach Glück zu einem unsicheren Unterfangen machten.«[4]

Die Anthropologen versichern uns, daß der Mensch vom Beginn seiner Geschichte an geglaubt hat, sein Leben kontrollieren zu können. Die Rituale des primitiven Menschen fußten auf dem Glauben, daß er durch das Opfern eines Tieres die Kraft oder den Geist dieses Tieres auf sich selbst übertragen konnte oder daß man zum Beispiel, wenn man einen Feind skalpierte, dadurch dessen Kraft bekam. Rituale und Altäre sollten das Leben beherrschbar machen. Ernest Becker schreibt: »Durch die Techniken des Rituals gedachten die Menschen die Herrschaft über die materielle Welt zu erlangen. Und zugleich transzendierten sie diese Welt durch ihre eigenen unsichtbaren

Pläne und Vorhaben, die sie gleichsam übernatürlich machten und über den Verfall und Tod der materiellen Welt erhoben.«[5]

Im Laufe der Kulturgeschichte der Menschen sind die Rituale und Altäre durch Wissenschaft und Maschinen abgelöst worden. Sie wurden die neuen Talismane und Götter des Menschen, in die er sein Vertrauen setzte – nur um lernen zu müssen, daß Maschinen fehlbar sind und ihre Pannen haben; ade, Sicherheit.

Um die Kontrolle über das Leben wiederherzustellen, sind die Menschen vielfach zu Ritualen und Altären (nicht notwendigerweise den christlichen, wohlgemerkt) zurückgekehrt, manche sogar zum (christlichen) Glauben und Gebet. Für viele Menschen sind heute Glaube und Gebet nicht ein Mittel, Gottes Willen zu tun, sondern ein Werkzeug, mit welchem wir *das Leben in den Griff bekommen*. Wenn man nur richtig glaubt und betet, so die Überlegung, kann man sich über die Leiden und Widerfährnisse des menschlichen Lebens erheben. So manches christliche Gebet ist nicht weniger »magisch« als die Beschwörungsrituale des primitiven Menschen.

Wir verlangen nun einmal, daß unsere Welt »ordentlich« und beherrschbar zu sein hat. Es muß für alles eine logische Erklärung geben. Wenn unser Auto nicht startet, ist der Tank oder die Batterie leer. Wenn in unserer Wohnung die Lichter ausgehen, hat es einen Kurzschluß im Elektrizitätswerk gegeben oder wir haben unsere Stromrechnung nicht bezahlt. Und wenn wir krank werden, diagnostiziert vielleicht ein christlicher »Medizinmann«, daß wir gesündigt oder nicht genügend geglaubt haben.

Wir bestehen darauf, daß die Welt vernünftig, logisch, erklärbar zu sein hat. Das Leben darf kein kosmischer Würfelwurf, kein gigantisches Lotteriespiel sein. Es darf nicht am seidenen Faden eines launischen Schicksals hängen. Solch ein Weltbild gibt uns ein Stück Geborgenheit und bewahrt uns davor, verrückt zu werden.

Und dann kommt ein einziges unbeantwortetes »Warum?«, und alles gerät ins Rutschen.

Helmut Thielicke hat es so ausgedrückt:

> Durch lange Fristen leben wir freilich ziemlich harmlos so vor uns hin, und wir haben keine besonderen Probleme. Das Leben geht so seinen Gang. Wir sehen immer wieder, daß Lügen kurze Beine haben, daß die Tüchtigen es zu etwas bringen und daß die Faulenzer schließlich unter den Schlitten kommen.
>
> Plötzlich aber geschieht etwas, das sich wie ein Achsenbruch in dieser gleichmäßig rotierenden Maschine des Lebens anhört. Wir stehen vor einem Widerspruch, mit dem wir nicht fertig werden . . .
> Sind wir nicht überall von solchen Rätseln umgeben, die einen schwer loslassen, wenn man sie einmal entdeckt hat? Warum überfällt uns gerade in den höchsten Augenblicken des Lebens plötzlich die Angst vor der Vergänglichkeit?[6]

Ein zweiter Grund: Wenn wir eine logische Erklärung finden, *können wir verhindern, daß das Unglück sich wiederholt.* Es braucht nicht noch einmal zu passieren – insbesondere nicht uns. Wir werden uns später noch die Heilung des Blinden in Johannes 9 anschauen. Bekanntlich fragen dort die Jünger Jesus, wessen Sünde die Blindheit des Mannes verursacht hat – seine eigene oder die seiner Eltern. Ich habe mich oft gefragt, warum sie wohl diese Frage stellten. Vielleicht war es mehr als bloß theologische Neugierde. Vielleicht hatten sie irgendwo tief im Hinterkopf die Vorstellung, daß sie, wenn sie die Sünde entdeckten, die die Blindheit verursacht hatte, diese Sünde systematisch vermeiden und so ihre eigene Erblindung verhindern konnten.

Könnte es nicht sein, daß unsere so dringende Suche nach Erklärungen für Katastrophen und Schicksalsschläge aus der Angst entspringt, daß die gleiche Katastrophe einmal uns treffen könnte? Ich habe das dumme Gefühl, daß wir dann, wenn wir für die Heilung eines Menschen beten, eigentlich für unsere eigene beten. Das ist so, als wenn ein Trupp Siedler im Wilden Westen Kundschafter aussendet, um festzustellen, ob die Indianer freundlich gesinnt sind. Wir testen Gott: Wenn er diese Person heilt, wird er vielleicht auch mich heilen. Vielleicht, wer weiß, kann ich dem drohenden Tag X in meinem eigenen Leben doch ausweichen ...

Vielleicht ging es den Freunden Hiobs ähnlich. Warren Wiersbe sagt uns, daß Hiobs Leid eine Bedrohung für seine Freunde war. »Was ihm widerfuhr, stellte die Gültigkeit ihrer Schultheologie in Frage, ... bedeutete es doch, daß das, was Hiob da geschah, *auch ihnen passieren konnte!* Es ging ihnen nicht so sehr um das, was Hiob selber litt. Er war für sie nicht so sehr ein Mensch, den es zu trösten galt, als vielmehr ein Problem, das gelöst werden mußte.«[7]

Menschen wie Hiob bringen uns in Verlegenheit. Ihr Leid streut Sand in unser theologisches Getriebe und zwingt uns, fadenscheinige Erklärungen und Ausnahmen von der Regel zu finden. Und wir sind sehr erfinderisch darin.

Drittens wollen wir unser »Warum?« vielleicht deswegen beantwortet haben, weil *wir von unserer Schuld freigesprochen werden wollen.* Die unweigerliche Folge von Trauer sind Schuldgefühle, und nichts ist so irrational wie das schlechte Gewissen, das aus der Trauer entspringt.

Irgendwo in unserem Trauerprozeß bilden wir uns ein, daß das, was da passiert ist, »meine Schuld« ist – zumindest teilweise. Ich habe es verursacht, ich habe dazu beigetragen, ich habe es nicht verhindert. Ich habe nicht genug geliebt, ich habe nicht genug getan, ich habe versagt. Hätte ich nur, könnte ich nur . . .

Aber wenn wir eine Erklärung finden, die beweist, daß wir das Furchtbare nicht verursacht haben oder gar nicht hätten abwenden können (»es war Gottes Wille«), dann spricht uns unser Gewissen frei. Es war eben doch nur ein Unfall, vielleicht sogar ein halber Mord. Hauptsache, kein Selbstmord. Selbstmord klagt an.

Unser Freispruchbedürfnis kann so groß sein, daß wir uns vor den Ohren anderer Menschen die bittersten Selbstvorwürfe machen – damit unsere Hörer uns zu Hilfe eilen und uns versichern, daß wir doch überhaupt keine Schuld haben.

Viertens fragen wir »warum?«, weil wir *moralische Wiedergutmachung* suchen. Die Frage »Warum ich?« setzt voraus, daß eine Ungerechtigkeit geschehen ist, die gesühnt werden muß. »Dieses ›Warum ich?‹ konzentriert sich ganz auf das Willkürliche und Unfaire in der Situation. Sie steckt uns in das Gefängnis des Chaos.«[8]

Kaum jemals fragen wir: »Warum *nicht* ich?« Vielleicht später, aber am Anfang nicht. Wir haben nicht verdient, was da passiert ist. Wir sind unschuldige Passanten, die von einer verirrten Kugel getroffen wurden. Wir hinterfragen nie die guten Dinge in unserem Leben, nur die schlechten. Dr. M. Scott Peck stellt fest: »Es ist wirklich merkwürdig. Dutzende von Malen haben Patienten oder Bekannte mich gefragt: ›Dr. Peck, warum gibt es so viel Böses in der Welt?‹ Aber in all den Jahren hat mich kein einziger gefragt: ›Warum gibt es so viel Gutes in der Welt?‹«[9]

Wie kommt es, daß wir Gott so bereitwillig unser Unglück zuschreiben, aber nicht unser Glück? Warum bezeichnen amerikanische Versicherungsgesellschaften Naturkatastrophen und tragische Unglücksfälle als »acts of God« (wörtlich: Handlungen Gottes)? Das Positive in unserem Leben bringt uns nicht zum Fragen, nur das Negative. Gottes Güte nehmen wir gelassen hin, als sei sie das Selbstverständlichste von der Welt. Aber wenn uns Schlimmes passiert, sind wir schockiert und fragen sofort: »Warum ich?«

Vor einiger Zeit kam in unserer Stadt ein junger Mann bei einem Autounfall ums Leben. Weder er noch seine Verwandten waren Christen. Einer der Pastoren unserer Gemeinde wurde von der Leichenhalle gebeten, die Beerdigung zu halten. Am Tag vor der Beerdigung besuchte er die Familie, um das Nötige zu besprechen. Als sie fertig waren, fragte er die Mutter des Toten, ob er noch mit ihnen beten könne. Die Mutter wurde wütend und schrie den Pastor an: »In diesem Haus wird nicht gebetet! Gott hat mir meinen Sohn genommen! In diesem Haus wird nicht gebetet!«

Als mein Kollege mir das erzählte, mußte ich denken: Na, das war wahrscheinlich das erste Mal, daß diese Frau einen Gedanken für Gott übrig gehabt hat. Und das erste Mal, daß sie seine Hand in etwas sah. Ob sie wohl bei der Geburt ihres Sohnes die Hand Gottes im Spiel gesehen hatte? Wohl kaum. Aber als er starb – da war Gott schuld.

Eine Antwort auf unser »Warum?« kann zwar das Geschehene nicht ungeschehen machen, aber sie stellt sozusagen die Gerechtigkeit wieder her, die doch, wie wir glauben (oder verzweifelt glauben wollen) in Gottes Schöpfung eingebaut ist. Wenn dies Gottes Welt ist, dann muß es doch wohl Gerechtigkeit in ihr geben! »Kurz und gut«, schreibt James Crenshaw, »das Wesen, das die Welt geschaffen hat, besitzt auch die Macht, für Ordnung und Gerechtigkeit zu sorgen. Und so haben die Weisen immer wieder Schöpfung und Gerechtigkeit zusammen gesehen.«[10]

Unsere Frage kann auch ein Versuch sein, *Gott zu rechtfertigen*. Die Frage »Warum?« bedeutet ja eigentlich: »Warum, Gott?« Sie richtet sich an einen Gott, der absolut souverän und allmächtig ist; wie mein Theologieprofessor gerne sagte: »Daß Gott allmächtig ist, bedeutet, daß er tun kann, was er will – und das erstaunlich gut.« Wenn ich glaube, daß Gott allmächtig ist und sich um alles kümmert, dann glaube ich ja, daß er bei allem, was geschieht, seine Hand im Spiel hat – und wenn etwas Böses geschieht, schadet das sozusagen seinem Image.

Die Theologen haben einen Namen für dieses Problem: *Theodizee*. Man kann Theodizee grob definieren als »den Versuch, Gott freizusprechen von der Schuld an allem, was die Harmonie der Gesellschaft und des Universums zu zerstören scheint«.[11]

Wenn Gott allmächtig ist, dann müssen wir sagen, daß er das Böse entweder direkt will oder zumindest zuläßt. In beiden Fällen könnte er es auch verhindern, und dem Leidenden ist der Unterschied zwischen »gewollt« und »zugelassen« herzlich egal. Wir sagen mit Abraham: »Sollte sich der Richter über die ganze Erde nicht an das Recht halten?« (1. Mose 18, 25 Einheitsübersetzung). Oder mit Gideon: »Wenn Gott wirklich mit uns ist, wie konnte uns dann soviel Unglück treffen?« (Richter 6, 13).

In seinem Buch *Wenn die Götter schweigen* schreibt Kornelis Miskotte über die Schrecken von Auschwitz: »Glauben‹ kann man an den Gott noch, der zugelassen hat, was geschehen ist, aber kann man noch zu ihm sprechen?«[12]

Ja, wenn der Schlag gekommen ist und wir die Trümmer

unseres Glaubens zusammenfegen, dann zitieren wir Gott herbei und fordern ihn auf, sich zu erklären: Warum hast du mir das angetan? Aber die nackte Tatsache ist, daß Gott nun einmal Gott ist; er muß sich niemandem erklären.

Der letzte und vielleicht tiefste Grund für unser Fragen ist, daß wir *nicht mit dem Unerklärlichen leben können.* Unsere Computer- und Fernsehwelt duldet nichts Geheimnisvolles. Alles und jedes muß auseinandergenommen, analysiert, durchleuchtet, fotografiert, identifiziert und klassifiziert werden. Wir suchen eine fertige Erklärung für das Geschehene, die uns die Mühen des Denkens und die Ecken und Kanten des Unerklärten, Geheimnisvollen erspart.

Die enorme Popularität des »Wohlstandsevangeliums« in unseren Tagen überrascht nicht. Es verspricht uns einfache Antworten auf jede Frage, einfache Lösungen zu jedem Problem und entbindet uns von der lästigen Aufgabe, selbständig zu denken. Es ist alles schon vormontiert, vorgekocht, vorgekaut. Wir wollen Antworten mit eingebauter Garantie. Wir wollen Führer, die uns mit Vertrauen eingebendem Lächeln sagen: »Ich habe die Antwort, hier ist sie!« Die großen Macher und Wisser haben den Willen und die Macht Gottes in ihren ideologischen Schmetterlingsnetzen eingefangen und in eine griffige Werbeformel eingepackt: »Bitte Knopf drücken und auf Antwort warten; bei Nichtgefallen Geld zurück.«

Doch das Geheimnis bleibt. Aber, wie Gabriel Marcel sagt: »Eigenartig, aber das Leiden hat tatsächlich nur in dem Maße eine metaphysische oder geistige Bedeutung, in dem es ein unergründliches Mysterium enthält.«[13]

Eines Tages jedoch, als ich wieder mit dieser Frage kämpfte, kam mir auf einmal ein Gedanke: *Was, wenn ich da die falsche Frage stelle?*

KAPITEL 10

Was jetzt?

Der Gedanke kam wieder: Es gibt ja gar keine Antwort auf die Frage »Warum?«, weil das keine zulässige Frage ist. Wir können nicht die richtige Antwort erwarten, wenn wir die falsche Frage stellen – und ich glaube, die Frage »Warum?« ist falsch.

Monatelang hatte ich in der Bibel und anderen Quellen Antworten auf die Warum-Frage gesucht. Rund ein Dutzend hatte ich gefunden, und sie hatten alle ihre Berechtigung. Aber selbst mit diesem Dutzend Antworten blieb die Frage unbeantwortet. Oder vielleicht genauer gesagt: Die Antworten waren unbefriedigend, der Schmerz war immer noch da.

Kürzlich sprach ich mit einem Vater, dessen Sohn bei einem tragischen Unfall ums Leben gekommen war. Er erzählte mir den Tod des Jungen und was danach kam. Er berichtete, daß durchaus Gutes aus diesem Tod gekommen war; mehrere Verwandte hatten Christus gefunden.

»Aber das reicht nicht«, sagte er plötzlich. »Nein, es reicht nicht.«

Wer wird diesem Mann widersprechen wollen? Ich habe den Verdacht, daß die Mutter des kleinen Mädchens, das von einem Triebtäter mißbraucht und ermordet wurde, nur eines trösten könnte: daß sie ihr Kind wiederbekommt. Wir mögen (durchaus zu Recht) dagegenhalten, daß Gott auch den Tod eines Kindes zu seiner Ehre benutzen kann. Aber wer will es trauernden Eltern verbieten, auszurufen: »Gott soll sich seine Ehre woanders holen!

Wir wollen unser Kind wiederhaben!« Ich habe selber ähnliche Worte gesprochen.

Vor ein paar Jahren stürzte wenige Kilometer von unserem Haus ein Jumbojet ab, über 130 Menschen kamen ums Leben. Wie durch ein Wunder überlebten 30. Einer von ihnen war ein junger Mann. In den Trümmern des Flugzeugs lagen die Leichen seiner Frau und seiner beiden Kinder. Eine Frau versuchte ihn zu trösten: »Sie sind noch jung. Sie können wieder heiraten und Kinder bekommen.«

Ich kannte eine Familie mit neun Kindern. Als eines davon starb, sagte ein anderer Möchtegern-Tröster: »Sie haben doch noch acht wunderbare Kinder.«

Aber was heißt das schon? *Achtzig* andere Kinder hätten das eine verstorbene nicht ersetzen können. Solche Tröstungsversuche klingen fast, als mache der andere sich über uns lustig. Des einen Antwort ist des anderen Rätsel, des einen Erklärung des anderen Verzweiflung.

Verstehen Sie mich nicht falsch. Ich glaube fest, daß wir dann, wenn wir in der Ewigkeit sind und unsere Augen geöffnet werden, allem zustimmen werden, was Gott in unserem Leben getan hat: »Ja, es war am besten so damals, ja, jetzt sehe ich es.« Dann werden wir zufrieden sein und nicht mehr klagen. Aber bis dahin ist eine Antwort in der Hand besser als ein Dutzend Antworten auf dem Dach des Himmels.

Sie ist also falsch, die Frage »Warum?«, denn sie löst überhaupt nichts. Und wenn Menschen, die uns trösten wollen, uns ihre Antworten aufzudrängen versuchen, dürfen wir mit den Worten eines der großen Leidenden der Bibel entgegnen: »Wie tröstet ihr mich mit Nichtigkeiten, und von euren Antworten bleibt nichts als Trug!« (Hiob 21, 34)

C. S. Lewis, dem der Krebs seine Frau entriß, beschreibt, wie er selber nach einer Antwort suchte:

Und wo ist jetzt Gott? Dies ist eines der beunruhigendsten Symptome. Wenn du glücklich bist – so glücklich, daß du Gott eigentlich nicht brauchst – und lobend und preisend zu ihm kommst, empfängt er dich mit offenen Armen. Aber geh zu ihm, wenn du nicht mehr ein noch aus weißt und nirgends Hilfe findest – was passiert? Die Tür knallt vor deinem Gesicht zu, und du hörst, wie drinnen der Riegel vorgelegt wird, ach was, zwei, drei Riegel, und dann – nichts mehr. Du könntest genausogut wieder gehen.[1]

Unser Problem ist nicht, daß wir nicht die richtigen Antworten finden; wir stellen die falschen Fragen. Wie Christopher Morley es ausgedrückt hat: »Ich hatte eine Million Fragen an Gott. Aber als ich ihm gegenüberstand, waren sie alle weg, sie zählten nicht mehr.«[2]

Je mehr Gemeinschaft wir mit Gott haben, um so mehr werden wir ihm vertrauen. Und je mehr wir ihm vertrauen, um so weniger brauchen wir zu verstehen. Wenn wir dies einmal begriffen haben, ist innerer Friede möglich.

Ein Licht aus der Bibel

Das 9. Kapitel des Johannesevangeliums berichtet von einem Blindgeborenen und seiner Begegnung mit Christus. Dieser Blinde war nichts Besonderes. Die Straßen waren geradezu gepflastert mit armen Teufeln, die blind, lahm oder was auch immer waren und sich mehr schlecht als recht durch das Leben bettelten. Es waren so viele, daß ihre Mitmenschen schon eine dicke Hornhaut auf ihrem Mitleid hatten; Bettler waren lästig, nicht liebenswert.

Aber dann »sieht« Jesus diesen Mann. Das Wort, das die

Bibel hier im Urtext benutzt, bedeutet soviel wie »voll gespannter Aufmerksamkeit betrachten«. Es war kein flüchtiges Hinschauen; Jesus starrte diesen Mann so konzentriert an, daß auch die Jünger stehenblieben und ihn anschauten – allerdings nur als theologische Kuriosität.

Ihre Frage an Jesus spiegelt das gängige religiöse Denken jener Zeit wider: »Rabbi, wer ist schuld, daß er blind geboren wurde? Er selbst oder seine Eltern?« (Johannes 9, 2) Man beachte: Sie fragen nicht, *ob* hier jemand gesündigt hat, sondern gleich, *wer* es war.

Es war für die Jünger keine Frage, daß der Mann durch Sünde erblindet war; die Frage war nur noch, durch *wessen* Sünde. Und sie meinten auch nicht »Sünde« in dem allgemeinen Sinn, daß jeder Mensch vor Gott schuldig ist; nein, hier mußte eine ganz besondere Einzelsünde vorliegen, und die Blindheit des Bettlers war Gottes Strafe dafür.

Für die herrschende Theologie jener Zeit führte Sünde immer zu Leiden. Hatte also jemand ein körperliches Leiden, so war es klar, daß er es durch eine ganz bestimmte Sünde auf sich geladen hatte – oder auch durch eine Sünde seiner Eltern. Unschuldiges Leiden war unvorstellbar für die Jünger – wie auch für uns; wo Leiden ist, da muß auch Schuld sein.

So fest verwurzelt war diese Vorstellung in ihren Köpfen, daß die Jünger gar nicht merkten, wie dumm ihre Frage eigentlich war. Wie konnten sie überhaupt fragen, ob die eigene Sünde des Mannes ihn blind gemacht hatte, wenn er doch schon blind geboren war? Es gab damals wohl eine heidnische Vorstellung, daß ein Mensch schon vor seiner Existenz sündigen konnte, aber sie war unter den Juden nicht üblich. Andere glaubten, daß manche Menschen gleich im voraus für die Sünden bestraft wurden, die sie erst später begehen würden, etwa nach dem

Motto: Erst zahlen, dann sündigen. Aber auch dies war eine heidnische Vorstellung, keine jüdische. Doch die Jünger hatten es sich so in den Kopf gesetzt, daß Krankheiten grundsätzlich eine Strafe für begangene Sünden waren, daß sie diese dumme Frage stellten.

So also sahen sie diesen Blinden: nicht als hilfsbedürftigen Menschen, sondern als theologischen »Fall«, gleichsam als interessantes Insekt, das man unter dem religiösen Vergrößerungsglas betrachten kann.

Die Antwort Jesu muß sie total überrascht haben: »Seine Blindheit hat weder mit den Sünden seiner Eltern etwas zu tun noch mit seinen eigenen. Er ist blind, damit Gottes Macht an ihm sichtbar wird« (Vers 3). Jesus sagt nicht, daß dieser Blinde und seine Eltern nie gesündigt haben; alle Menschen sind Sünder. Aber die Blindheit ist keine göttliche Strafe für irgendeine bestimmte Sünde.

Soviel zu der Schmalspurtheologie der Jünger. Sie sind an der *Ursache* der Blindheit interessiert; sie wollen in der Vergangenheit fischen und irgendeine häßliche, aber befriedigende Erklärung herausziehen. Sie bieten Jesus zwei solche Erklärungen an, und er verwirft sie beide.

Es ist erstaunlich, daß Jesus, nachdem er ihre beiden Theorien verworfen hat, nicht selber mit einer dritten kommt. Er erhellt das Geheimnis dieses Leidens nicht – hier nicht und auch nicht an anderen Stellen. Er eröffnet statt dessen eine ganz neue Sichtweise. Für Jesus ist die Blindheit dieses Mannes weder Gottesgericht noch Zufall; sie ist eine Herausforderung. Jesus interessiert sich überhaupt nicht für das »Warum?«. Er schaut nicht zurück wie seine Jünger, sondern nach vorne. Die eigentliche Frage ist für ihn nicht: »Warum ist dieser Mensch blind geboren?«, sondern: »Was können wir für ihn tun?« Er schaut nicht auf die Ursachen, sondern auf die Folgen.

Schauen wir uns die Antwort, die er seinen Jüngern

gibt, noch einmal genauer an: »Er ist blind, damit Gottes Macht an ihm sichtbar wird.« Wörtlich, nach der Elberfelder Übersetzung: »damit die Werke Gottes an ihm offenbart würden«.

Auf den ersten Blick scheint dies zu bedeuten, daß Gott diesen Mann blind werden ließ, um eine Gelegenheit zu bekommen, seine Macht zu demonstrieren. Aber diese Schlußfolgerung wäre falsch. Das hier mit »damit« übersetzte kleine griechische Wort *hina* deutet zwar normalerweise eine Absicht an (»um ... zu«). Hier jedoch haben wir eine der wenigen Stellen, wo es nicht auf diese Art gebraucht wird; aufgrund der ganzen grammatischen Konstruktion bezeichnet es nicht eine Absicht, sondern ein *Ergebnis*. »*Hina* (›damit‹) scheint hier ein Ergebnis auszudrücken, was ungebräuchlich, aber nicht gänzlich ohne Parallelen ist.«[3] Turner und Mantey schreiben in ihrem Kommentar zum Johannesevangelium, daß »*hina* hier einen Ergebnis- und nicht einen Absichtsnebensatz einleitet«.[4]

Mit anderen Worten: Gott wird hier nicht als der Verursacher der Blindheit gesehen, sondern der Blinde kann durch Gottes Wirken – ein Wirken, das seine Herrlichkeit, Macht und Gnade manifestiert – geheilt werden. Dies ist der Angelpunkt dieser Geschichte: Nicht Antworten sind gefragt, sondern Taten.

»Der Blinde soll nicht als bloßes Werkzeug, sondern als lebendiger Repräsentant der Gnade Gottes gesehen werden. Sein Leiden ist nur der Anlaß für das Wunder, und nicht seine von Gott verordnete Vorbereitung, auch wenn wir in der Perspektive des Göttlichen die Dinge in ihrer Abhängigkeit vom Willen Gottes sehen müssen.«[5]

Und so bleibt die Frage unbeantwortet, weil letztlich nicht zählt, wo das Leiden herkommt, sondern wie wir auf es reagieren. Wichtiger als das Spekulieren über die Ursachen des Leidens ist das Wirken Gottes mitten in diesem Leiden. Philip Yancey vermerkt zu Recht: »Die biblische Perspektive scheint mir nicht die zu sein, daß man nach rückwärts schaut, um herauszufinden, ob man Gott die Schuld geben und ihn anklagen kann . . . Die Bibel betont vielmehr den Blick nach vorne: Was kann Gott aus dieser offensichtlichen Tragödie machen?«[6]

Mit seiner Antwort an die Jünger sagt Jesus: »Es ist nun einmal so, daß dieser Mann blind geboren ist. Herumzugrübeln, wie es dazu kam, bringt uns nicht weiter. Es ist nun einmal geschehen – und jetzt wollen wir Gott seine Herrlichkeit zeigen lassen.«[7]

Während ich diese Zeilen schreibe, muß ich auf einmal daran denken, daß wir kein Interview mit Lazarus besitzen. Nirgends in der Bibel sagt er uns, wie er seinen Tod erlebte und wie es war, als er zurück ins Leben geholt wurde. Diese Dinge kommen einfach nicht vor.

Hätte Jesus es gewollt, er hätte unsere sämtlichen Fragen beantworten und jedes Rätsel der menschlichen Existenz lösen können. Warum sagte er uns nicht, wie man das Telefon erfindet, ein Flugzeug baut oder ein Heilmittel gegen Krebs findet? Jedes Geheimnis des Lebens, des Todes und der Ewigkeit hätte Jesus bloßlegen können. Warum tat er es nicht? Wieviel Arbeit und Mühe hätte es uns ersparen können! Es ist schier unglaublich, aber Jesus ließ all diese Fragen, die uns schlaflose Nächte bereiten, links liegen. Für ihn waren sie nicht das Problem, und er sagt hier seinen Jüngern, daß sie es für sie auch nicht sein sollten.

Dieser Gedanke wird noch deutlicher an einer anderen Stelle (Lukas 13, 1–5):

Es kamen aber zu der Zeit einige, die berichteten ihm von den Galiläern, deren Blut Pilatus mit ihren

Opfern vermischt hatte. Und Jesus antwortete und sprach zu ihnen: »Meint ihr, daß diese Galiläer mehr gesündigt haben als alle anderen Galiläer, weil sie das erlitten haben? Ich sage euch: Nein; sondern wenn ihr nicht Buße tut, werdet ihr alle auch so umkommen.

Oder meint ihr, daß die achtzehn, auf die der Turm in Siloah fiel und erschlug sie, schuldiger gewesen sind als alle anderen Menschen, die in Jerusalem wohnen? Ich sage euch: Nein; sondern wenn ihr nicht Buße tut, werdet ihr alle auch so umkommen.«

Mit diesen Worten hebt Jesus die Last der Schuld von jedem schmerzenden Herzen. Er stellt klar, daß die von bösen Herrschern wie Pilatus Getöteten oder die Opfer tragischer Unglücksfälle wie bei dem Turmeinsturz eben *nicht* die Opfer göttlicher Rache und Vergeltung sind.

Also auch bei diesen beiden Katastrophen kein Gottesgericht als »Ursache«. Und Jesus erklärt nicht etwa, warum diese Menschen nun »eigentlich« umkamen, sondern macht eine keinen Widerspruch zulassende Feststellung: »Wenn ihr nicht Buße tut, werdet ihr alle auch so umkommen!« Ich bin nicht dazu gekommen, sagt Jesus, um die Rätsel des Lebens zu lösen; ich bin gekommen, um den Willen meines Vaters zu tun, und anstatt im Tiefkeller der Geheimnisse des Seins herumzusuchen, solltet ihr lieber etwas für euer Seelenheil tun!

Jesus weigerte sich, das »Warum?« des Leidens zu beantworten, weil das »Warum?« nicht das Wichtigste ist. Das Wichtigste ist, wie wir auf dieses Leiden und das, was es uns sagt, reagieren. Hans Küng schreibt:

Selbstverständlich kannte Jesus auch vor seinem Tod am Kreuz all das Übel in der Welt, all die Ungerechtigkeit, Bosheit, Grausamkeit, alles Leid, allen Schmerz, alle Trauer. Aber Jesus hat angesichts allen Übels keine philosophische oder theologische Rechtfertigung Gottes, keine »Theo-dizee«, gegeben. Seine Antwort ist praktisch orientiert – sie ist Hinweis auf Gott als den Vater ... Ein Gott nicht mehr in unheimlicher transzendenter Ferne, sondern nahe in unbegreiflicher Güte, ein Gott, der nicht auf ein Jenseits vertröstet und die gegenwärtige Dunkelheit, Vergeblichkeit und Sinnlosigkeit verharmlost. Vielmehr ein Gott, der selbst in Dunkelheit, Vergeblichkeit und Sinnlosigkeit zum Wagnis der Hoffnung einlädt.[8]

Von »Warum?« zu »Was jetzt?«

»Warum ich?« ist eine sinnlose Frage, die letztlich gar nichts löst. Erst wenn wir uns dessen bewußt werden, können wir die richtige Frage stellen.

Und die richtige Frage, die Frage, die Christus selber stellt, lautet: »Was jetzt?« Diese Frage verwandelt die Landschaft des Leidens aus einem bösen, absurden Zufall in einen sinnvollen Bestandteil des großen Planes eines großen Gottes.

»Warum ich?« ist eine Scheuklappenfrage, die uns nur noch das »Ungerechte« an unserer Situation sehen läßt. »Sie macht uns zu Gefangenen des Chaos. Sie zerstört unsere Fähigkeit, eine sinnvolle Existenz zu haben ... Sie impliziert, ... daß der einzelne nicht nur körperlich krank, sondern auch geistig zersplittert ist.«[9]

Die Frage »Was jetzt?« befreit uns aus diesem Gefängnis; wir sehen uns nicht mehr als hilflose Opfer, sondern als Empfänger der Fürsorge Gottes. Helmut Thielicke hat Gott als einen Gott der Ziele beschrieben. Zu der Antwort Christi auf die Frage der Jünger in Johannes 9 sagt er:

> Nein, es verschlägt ihm nicht die Rede. Er sagt den Leuten: Eure Frage ist falsch gestellt . . . So hilft uns Jesus, wenn er uns die Frage nach dem Warum abge-wöhnt, daß wir von der ewigen Anklage gegen Gott loskommen und uns nicht mehr an ihr wundzurei-ben brauchen . . . Er lehrt uns nämlich eine sinn-vol-le Wendung unseres Fragens. Er sagt uns, daß wir nicht fragen dürfen »warum?«, sondern »wozu?«.

»Was jetzt?« bricht die Trance des *Selbstmitleids* auf. Von Natur aus sind wir ja alle Egoisten. Wir drehen uns um uns selber, wir sind der Nabel unserer eigenen kleinen Welt, unser Denken reicht nur so weit wie unser Ich.

Ich-Menschen sind jämmerliche Wesen. Sie finden kei-nen inneren Frieden, weil sie das eine, was sie am meisten wünschen und brauchen, nicht erreichen: die Selbstbe-stimmung ihres Lebens. Sie sind in Angst gefangen, weil sie im Grunde genau wissen, daß ihnen die Kontrolle über ihr Leben früher oder später entgleiten wird; sie können nicht für immer verdrängen, daß andere Mächte über ihr Schicksal bestimmen werden.

Selbstmitleid frißt uns auf. Es verzerrt unser Denken und unsere Perspektive – wie wir uns selber sehen, unsere Mitmenschen, Gott. Der vollendete selbstmitleidige Mensch ist ein bitterer Zyniker.

Jory Grahams Kampf mit dem »Warum ich?« seiner Krebsdiagnose kann uns vielleicht helfen:

> Wenn wir nicht in chronischer Depression und hilf-loser Wut versinken wollen, müssen wir unsere

nutzlosen Versuche, die Frage *Warum ich?* zu beantworten, fahrenlassen und die Tatsache, daß wir Krebs haben, akzeptieren: *Schön, ich habe Krebs. Was mache ich jetzt?* Mit dieser Entscheidung bringen wir Sinn in den Rest unseres Lebens, trotz aller Krankheit, Frustration und Angst.[11]

Mit der Frage »Was jetzt?« verlagern wir unseren Blick von uns selbst auf Gott und auf das, was er mit unserem Leben vorhat. Und er hat etwas vor – aber solange wir uns immer um uns selber drehen, können wir es nicht sehen. Doch wenn wir zu unseren Nöten sagen, was Josef seinen Brüdern sagte – »Ihr hattet Böses mit mir vor, aber Gott hat es zum Guten gewendet« (1. Mose 50, 20) –, bekommt unser Leben eine neue Richtung: frisch, zuversichtlich, kreativ und offen. Gott beantwortet nicht jedes »Warum?«, aber er streckt jedem von uns seine Hand entgegen.

»Was jetzt?« – diese Frage befreit uns nicht nur vom Selbstmitleid, sie gibt uns auch ein *Ziel*. Sie bedeutet nämlich, daß wir unterwegs sind, daß wir noch wachsen. Mit anderen Worten: *Wir haben eine Zukunft*. Das Leben kann wieder gut werden. Und dies ist ungeheuer wichtig, denn nichts ist trostloser, als wenn die Zukunft nie mehr besser werden kann als die Vergangenheit – wenn wir glauben, daß das Beste unwiderruflich hinter uns liegt.

Ich bin selber in diesem Loch der Trostlosigkeit gewesen, wo man, wie einst Israel in der babylonischen Gefangenschaft, seine Harfe an die Weiden hängen will, denn wie kann man das Lied Gottes in der Fremde singen?

Vor nicht allzu langer Zeit kam nach dem Gottesdienst ein Ehepaar mittleren Alters auf mich zu. Die beiden stellten sich vor und sagten ein paar anerkennende Worte über meine Predigt. Dann sagte die Frau: »Es war so schön, wie Sie heute gelächelt haben.«

Das war neu. »Oh«, sagte ich, »vielen Dank.«

»Das meine ich ernst«, fuhr die Frau fort.

»Vielen Dank«, wiederholte ich. »Freut mich, daß Ihnen das gefallen hat.«

Sie nahm meine Hand und sah mich an, eine Tränenspur in ihrem Blick. »Sie wissen nicht, wovon ich rede, nicht wahr?«

»Nein, eigentlich nicht«, sagte ich.

»Nun«, sagte sie, »vor einem halben Jahr kam unsere Tochter bei einem Autounfall ums Leben. Sie war erst 17, und ich kann es immer noch nicht fassen. Auf einmal war alles so sinnlos, ich dachte, ich könnte nie mehr glücklich sein. Nun haben Sie ja etwas Ähnliches hinter sich, und als wir hörten, daß Sie heute abend hier predigen, da dachten wir, Sie könnten uns – mir – vielleicht helfen. Ich wollte wissen, wie Sie zurechtkommen. Ja, und vorhin, als Sie predigten, da haben Sie auf einmal gelächelt. Und da wußte ich plötzlich: Eines Tages wirst auch du wieder lächeln können.«

Ich mußte an die Worte des Psalmisten in Psalm 42 denken. Der Psalmist ist voller Verzweiflung und Depression, aber dann sagt er auf einmal im 12. Vers: »Auf Gott will ich hoffen! Ich weiß, ich werde ihn noch einmal preisen . . .« Es gibt Zeiten, da können wir Gott einfach nicht preisen. Die Worte bleiben uns in der Kehle stecken. Wir können auch nicht beten, ja noch nicht einmal glauben.

Aber wir werden nicht für immer aus dem bitteren Becher trinken. Gott wird für uns tun, was er einst für Mose und die Israeliten bei ihrem Auszug aus Ägypten tat (2. Mose 15). Sie kamen an einen Ort namens *Mara* (»Bitterwasser«), wo das Wasser bitter war, was wiederum das Volk bitter machte. Aber Mose »schrie zum Herrn um Hilfe, und der Herr zeigte ihm ein Stück Holz. Mose warf es in das Wasser, da wurde es trinkbar.« (Vers 25). Darauf führte Gott das Volk nach Elim, einer Oase mit zwölf Wasserquellen (eine für jeden Stamm) und siebzig Dattelpalmen (eine für jeden Ältesten) (Vers 27).

Elim war übrigens ganze acht Kilometer von Mara entfernt. Mara heute, Elim morgen. Bitterkeit heute, Süße morgen.

Sind Sie gerade in Mara? Wir alle sind doch schon dort gewesen, wo das Leben so bitter wird, daß wir es nicht mehr schlucken können, wo Dinge, die einst süß und erfrischend waren und uns Freude machten, schal und sauer werden und uns niederdrücken. Und ich glaube, wenn wir nur zu Gott aufsehen und ihn anrufen, wird er unsere inneren Augen öffnen und uns etwas zeigen wie jenes Stück Holz – etwas, das unsichtbar für ungläubige Augen und gebetslose Herzen ist, aber das unser Leben wieder froh macht. Die Frage »Was jetzt?« drückt unseren Glauben aus, daß es für uns noch einmal ein Elim geben wird.

Es ist Gottes Spezialität, das Beste für zuletzt aufzubewahren. In dem großen Buch der Erinnerung, dem Buch Deuteronomium (5. Mose), erinnert Mose die Israeliten daran, daß Gott es selbst in den dunkelsten Stunden immer gut mit ihnen meinte: Er »hat dich in der Wüste mit Manna gespeist, das deine Väter nicht kannten, um dich zu demütigen und zu erproben, *damit er dir zuletzt um so mehr Gutes erweisen könnte*« (5. Mose 8, 16 Bruns; Hervorhebung von mir).

Die gleiche Botschaft sandte Gott durch Jeremia an die Juden im babylonischen Exil: »Ja, so spricht der Herr: Wenn siebzig Jahre für Babel vorüber sind, dann werde ich nach euch sehen, mein Heilswort an euch erfüllen und euch an diesen Ort zurückführen. Denn ich, ich kenne meine Pläne, die ich für euch habe – Spruch des Herrn –,

Pläne des Heils und nicht des Unheils; *denn ich will euch eine Zukunft und eine Hoffnung geben«* (Jeremia 29, 10-11 Einheitsübersetzung; Hervorhebung von mir).

Und dann natürlich Hiob. »Der Herr aber wandte das Geschick Hiobs, nachdem er für seine Freunde gebetet hatte, und gab ihm doppelt soviel wieder, als er gehabt hatte. ... Der Herr aber *segnete Hiob mehr als je zuvor«* (Hiob 42, 10 und 12 Bruns; Hervorhebung von mir).

Wenn wir inmitten der Staubwolke eingestürzter Hoffnungen fragen können: »Was jetzt?«, dann glauben wir an einen Gott, bei dem gilt: Das Schönste kommt noch.

Und schließlich bindet unser »Was jetzt?« uns *in das Wirken Gottes ein.* Lesen wir noch einmal Johannes 9, 3: »Seine Blindheit hat weder mit den Sünden seiner Eltern etwas zu tun noch mit seinen eigenen. Er ist blind, damit Gottes Macht an ihm sichtbar wird.« Wörtlicher: »Weder dieser hat gesündigt noch seine Eltern, sondern damit die Werke Gottes an ihm offenbart würden« (Elberfelder). Eigentlich würde man hier um der besseren Lesbarkeit willen eine Wendung wie »sondern dies geschah, damit die Werke Gottes ...« erwarten, doch ein »dies geschah« finden wir im Urtext nicht; auch der Punkt am Ende dieses Verses steht nicht im Urtext.

Lesen wir jetzt den zweiten Teil von Vers 3 noch einmal, ohne den Punkt, und gehen wir gleich weiter zu Vers 4:

Aber damit die Werke Gottes an ihm offenbart werden, müssen wir die Werke dessen wirken, der mich gesandt hat, solange es Tag ist; es kommt die Nacht, da niemand wirken kann (nach Elberfelder).

Jesus sagt hier also nicht, daß der Mann blind geboren wurde, damit Gott an ihm seine Macht zeigen kann. Er sagt vielmehr: Der Mann ist blind geboren, Punkt. Keine Erklärung, keine Diskussion. Und jetzt: Damit Gottes Wirken sich an ihm zeigen kann, laßt uns an die Arbeit gehen. Wieder ist die Frage nicht: »Warum?«, sondern: »Was jetzt?«.

Schauen wir uns das Wort »Werke« noch einmal genauer an. Jesus wird gleich was tun? Ein Wunder? O ja, aber er nennt es ein »Werk«. Was für uns ein Wunder ist, ist für Jesus sozusagen ganz normale Arbeit.

Das Wort »Wunder« erscheint im Urtext des Johannesevangeliums nicht. Johannes benutzt statt dessen die Worte »Werke« und »Zeichen«. Das Wort »Zeichen« erscheint 17mal und scheint das Lieblingswort des Johannes zu sein. Warum?

Ich glaube, Johannes will damit sagen, daß das Eigentliche nicht die Wunder an sich sind, sondern das, worauf sie *hindeuten.* Jesus tat seine Wunder nicht, weil er in die Welt gekommen wäre, um Wunder zu vollbringen. Er kam in die Welt, um den Vater zu offenbaren, und ein Wunder war ein guter Aufhänger für die Botschaft des Evangeliums.

Sie mögen denken: »Ob man das Ding nun ›Zeichen‹ oder ›Wunder‹ nennt, was soll's?« Aber ich habe gute Gründe, wenn ich auf dem Wort »Zeichen« bestehe. Unser Denken über Gott und seine Wunder ist nämlich oft sehr verworren.

Als ich eines Abends in der Kirche saß und auf den Beginn des Gottesdienstes wartete, hörte ich, wie hinter mir zwei Frauen sich unterhielten – über einen Autounfall, bei dem ein junger Mann das Leben verlor und ein zweiter nur leicht verletzt wurde. Der Verletzte war offenbar der Sohn der einen Frau, denn die andere sagte: »Ich bin ja so froh, daß eurem Jungen nicht mehr passiert ist.«

»Ja«, erwiderte die andere. »Gott ist gut.«

Ich mußte denken: Was sagt jetzt wohl die Mutter des

toten Jungen über Gott? Würde die Frau hinter mir immer noch sagen: »Gott ist gut«, wenn es *ihren* Sohn erwischt hätte?

Ich glaube, Gott und der Teufel haben etwas gemeinsam: Wir schieben ihnen eine Menge Dinge in die Schuhe, die sie gar nicht getan haben. Wie kommt es nur, daß wir hinter jedem Unglücksbusch in unserem Leben immer gleich den Teufel sehen? Manchmal besteht der größte Triumph des Satans darin, daß wir glauben, daß *er* uns in der Zange hat, und nicht Gott. Siehe Jakob.

Wir müssen lernen, das Übernatürliche im Natürlichen zu sehen. Daß morgens die Sonne aufgeht, ist ebenso Gottes Werk wie die Auferweckung des Lazarus von den Toten; beide sind Taten des gleichen Vaters. Und es könnte sein, daß eben dort, wo wir meinen, Gott tue nichts, er gerade am Werk ist in unserem Leben. Elizabeth Barrett Browning schrieb einmal: »Die Erde ist voll Himmel, und in jedem Strauch wohnt Gottes Flamme. Aber nur der Mensch, der dies sieht, zieht wie einst Mose seine Schuhe aus. Der Rest setzt sich neben den Busch und pflückt Brombeeren.«

Noch eine letzte Bemerkung: Ein kerngesunder Mensch wäre Jesus an jenem Tag wenig nütze gewesen. Um Gottes Wirken zu demonstrieren, brauchte er jemanden mit einem unbeantworteten »Warum?« in seinem Leben.

Ich muß gestehen, daß ich selber immer noch nach einer Antwort auf mein »Warum?« suche. Und immer noch schweigt Gott. Aber das macht nichts mehr, ich vertraue ihm.

Ich gebe mich bis auf weiteres mit einem »Was jetzt?« zufrieden.

ZWEITER TEIL:

Wer ist bereit,
Gott umsonst zu dienen?

Gott im Leiden

Das Tragische wird nicht abgeleugnet, sondern in seiner
Überwindung bejaht.

W. Lee Humphreys

In diesen Monaten ist das Wort *Annehmen* ein Wort der
Befreiung, des Sieges, des Friedens für mich gewesen.
Nein, es hat nie Resignation in der Krankheit bedeutet, . . . wohl aber sich zufriedengeben mit dem Unerklärten.

Amy Carmichael

Ich bin ganz sicher, daß alles, was wir jetzt erleiden,
nichts ist, verglichen mit der Herrlichkeit, die wir einmal erfahren werden.

Paulus in Römer 8, 18 (Hoffnung für alle)

KAPITEL 11

Die Wette

Es lebte einst in einem fernen Land ein Mann, der gerecht und weise, demütig und barmherzig war. Sein Reichtum und seine Rechtschaffenheit ließen Himmel und Erde neidisch werden. Sein Name war Hiob.

Die Probleme, die er verkörperte, und die Prüfungen, die er erdulden mußte, lassen ihn uns bekannt erscheinen, ja als einen der unseren. Wir kennen seine Geschichte, denn wir haben selber in ihr gelebt. Wenn das Leben zu hart wird, greifen wir zu seinen Worten, um unserem Zorn, unserer Auflehnung oder unserer Resignation eine Stimme zu geben. Er gehört zu den verborgenen Gefilden unserer Seele, zum zerbrechlichsten Teil unserer Vergangenheit.

Elie Wiesel, *Messengers of God*

Eines Samstagmorgens klingelte mein Telefon. Ich nahm ab und meldete mich. Eine wütende Stimme sagte: »Streichen Sie mich von der Mitgliederliste – ich komme nicht mehr!«

Die Stimme kam mir vage bekannt vor. »Entschuldigen Sie«, sagte ich. »Was haben Sie gesagt?«

»Streichen Sie mich aus der Mitgliederliste! Ich komme nicht mehr!«

Jetzt erkannte ich die Stimme. Und ich begriff, was passiert war.

Der Sohn dieses Mannes, der schon mehrere Male mit

dem Gesetz in Konflikt gekommen war, hatte vor kurzem sein erstes größeres Ding gedreht, und es drohte ihm eine saftige Gefängnisstrafe.

Erst vor ein paar Tagen hatte ich den Vater zum Gericht begleitet, wo wir uns mit dem Richter, dem Staatsanwalt, dem den Jungen betreuenden Bewährungshelfer und seinem Verteidiger trafen. Es sah nicht gut aus für den jungen Mann. Sein Sündenregister war bereits lang, und seine neueste Straftat hatte ihn auch noch zum Kidnapper gemacht. Das Gericht schien nicht mehr damit zufrieden zu sein, ihn zurück in die Jugendstrafanstalt zu schicken.

Als wir das Gerichtsgebäude wieder verließen, hatte der Vater gesagt: »Ich weiß einfach, daß sie ihn nicht ins Zuchthaus stecken werden.«

»So?« sagte ich.

»Ja. Ich habe für ihn gebetet. Gott wird das nicht zulassen, da bin ich ganz sicher.«

Und als dieser Vater also jetzt am Telefon schwor, nie mehr zur Kirche zu gehen, wußte ich, was geschehen war: Gott hatte es doch zugelassen ...

Jedesmal, wenn ich an dieses Gemeindeglied denke, muß ich an die Frage denken, die der Satan Gott über einen Mann namens Hiob stellte.

Kennen Sie Hiob? Er ist der Mann im Alten Testament, über den Gott sagte: »So untadelig und treu wie er ist sonst keiner auf der Erde. Er gehorcht mir und achtet darauf, ja nichts Unrechtes zu tun« (Hiob 1,8). Ein wahrlich bemerkenswertes Urteil, das noch zweimal wiederholt wird.[1] Und hier spricht wohlgemerkt nicht Hiobs Public-Relations-Sekretär, sondern Gott.

Hiob – der Mensch des Jahres, der moralische Mr. Universum, der Mann, der sämtliche Tugenden in sich vereint, die eigentlich jeder haben sollte, der Mensch, der so ist, wie wir in unseren besten Stunden zu sein wünschen.

Hiob der gute Mensch. So gut, daß Gott mit seiner Rechtschaffenheit prahlt – gegenüber dem Teufel selber. Hören wir dieses merkwürdige Gespräch zwischen Gott und seinem Gegenspieler:

> Eines Tages kamen die Gottessöhne (Engel) zur himmlischen Ratsversammlung, und jeder stellte sich an seinen Platz vor dem Herrn. Unter ihnen war auch der Satan. Der Herr fragte ihn: »Was hast denn du gemacht?« »Ich habe die Erde kreuz und quer durchstreift«, antwortete der Satan. Der Herr fragte: »Hast du auch meinen Diener Hiob gesehen? So untadelig und treu wie er ist sonst keiner auf der Erde. Er gehorcht mir und achtet darauf, ja nichts Unrechtes zu tun« (Hiob 1, 6-8).

Alle herhören! Brachte der Satan das Thema Hiob auf den Tisch? Nein, Gott. Hiobs sämtliche Probleme kamen daher, daß Gott ihn dem Teufel als Muster der Gottesfurcht vorhielt. (Lieber Gott, bitte erwähne nicht *meinen* Namen, wenn du das nächste Mal mit dem Teufel sprichst . . .)

Der Satan beantwortet Gottes Lobrede mit einer herausfordernden Frage:

> Meinst du, daß Hiob Gott umsonst fürchtet? Hast du doch ihn, sein Haus und alles, was er hat, ringsumher beschützt. Du hast das Werk seiner Hände gesegnet, und sein Besitz hat sich ausgebreitet im Lande. Aber strecke deine Hand aus und taste alles an, was er hat; was gilt's, er wird dir ins Angesicht absagen! (Hiob 1, 9-11).

»Meinst du, daß Hiob Gott umsonst fürchtet?« Das hebräische Wort für »umsonst« bedeutet soviel wie: ohne

103

Gewinn, ohne Grund, ohne Vorteile. Mit anderen Worten, der Satan fragt: »Ist Hiobs Gottesfurcht wirklich ohne Hintergedanken?«[2]

Der Satan hinterfragt Hiobs Motive. Für den Teufel ist es töricht, Gott zu dienen. Jemand, der Gott dient, muß doch wohl etwas im Schilde führen dabei . . .

Natürlich dient Hiob dir, sagt der Teufel. Schau dir doch an, wie du ihn gesegnet hast. Er wäre ja ein Dummkopf, wenn er nicht einem Herrn dienen wollte, der so gut zahlt. Aber warte nur ab: Wenn es sich nicht mehr auszahlt, dir zu dienen, wenn du ihm alles nimmst – dann wirst du sehen, wie es wirklich ist, dann wird er dich verfluchen.

In einem Punkt hatte der Satan recht: Gott hatte Hiob gesegnet. 7000 Schafe und Ziegen, 3000 Kamele, 1000 Rinder, 500 Esel, zahlreiche Knechte und Mägde, nebst sieben Söhnen und drei Töchtern. Er war der reichste Mann unter den Bewohnern des Ostens (Hiob 1, 2-3).

Und hier finden wir das Thema des Buches Hiob. Es lautet nicht: »Warum leiden die Gerechten?«, sondern: »*Warum dienen die Gerechten Gott?*«

Der Satan behauptet, daß Hiob Gott nur dient, weil es sich auszahlt. Unter diesen Bedingungen würde jeder Gott dienen. Aber stoppe den Lohn, Gott, und Hiob wird dich verlassen.

Vielleicht hatte der Teufel die Telefonnummer jenes Vaters in meiner Gemeinde. Hätte Gott seinem Sohn das Zuchthaus erspart, wäre er am folgenden Sonntag willig zum Gottesdienst gekommen und hätte Gott gelobt. Aber Gott umsonst preisen, das wollte er nicht.

Aber bevor ich diesen Vater kritisiere, muß ich mir selber die Frage stellen: Warum diene *ich* Gott? Die Frage ist ja berechtigt. Bete ich Gott an, weil er Gott ist oder weil er mich so segnet? Was, wenn er mit dem Segnen aufhören würde? Seien wir doch ehrlich: Es ist einfach, gut zu sein, wenn man viele Güter hat.[3]

Wenn wir unsere Gemeindeglieder zu größerem Spendeneifer auffordern, sagen wir ihnen, daß Gott sie segnen wird, wenn sie ihm den Zehnten geben – daß er ihnen für die 90 Prozent mehr geben wird als für die 100 Prozent. Schön – aber was, wenn er das nicht tut? Was, wenn das einzige Ergebnis des Zehntengebens das ist, daß wir 10 Prozent weniger haben? Was, wenn der Staat die Gesetze ändert und kirchliche Spenden nicht mehr von der Steuer absetzbar sind?

Hinter der Herausforderung des Satans liegt eine größere Frage: Ist echte Anbetung, echte Frömmigkeit überhaupt möglich? Ist völlige Hingabe an Gott, ohne Bedingungen und Kleingedrucktes und Belohnungsversprechungen, möglich?

Hiob wird das Opfer einer Wette im Himmel. Satan wirft Gott den Fehdehandschuh hin: »Ich mache jede Wette: Wenn du deine Hand ausstreckst und alles schlägst, was er hat, wird er dich ins Angesicht verfluchen.«

Und Gott nimmt den Handschuh auf; die Wette gilt! Gott sagt damit: Hiob dient mir, weil ich Gott bin, und nicht, weil ich ihn belohne. »Gut!« sagt Gott. »Alles, was er hat, gebe ich in deine Gewalt. Aber ihn selbst darfst du nicht antasten!« (Hiob 1, 12).

Das ist die Wette. Und wir stehen fassungslos davor und sagen: Das ist doch nicht gerecht, das ist doch nicht fair! Ich komme später noch einmal darauf zurück.

Und so fängt Hiobs Drama an – mit der Frage: Wer ist bereit, Gott umsonst zu dienen? Das ganze Buch Hiob ist ein einziges Geflecht aus Fragen, und wir werden die Antwort entdecken, indem wir weiter fragen.

Die erste Frage ist: Werde ich Gott dienen, wenn alles zusammenbricht?

KAPITEL 12

Wenn alles zusammenbricht

Nach dem Tod unseres Sohnes erhielten wir 'zig Beileids-
briefe und -karten. Wir wußten sie alle sehr zu schätzen,
aber ein Brief ist ganz besonders in meiner Erinnerung
haften geblieben. Er kam von einem Ehepaar, dessen Gemeinde ich vor kurzem besucht hatte, und der erste Abschnitt enthielt die üblichen Beileidsworte. Aber dann, im
zweiten Abschnitt, schrieben sie:

»Bruder Dunn, wir wissen, daß Sie ein Mann Gottes
sind und daß Sie und Ihre Frau Ihr Leben Gott geweiht
haben. Wir können nicht verstehen, wie Ihnen so etwas
Furchtbares geschehen konnte.«

Sie konnten es verstehen, daß solch ein Unglück sie
selber treffen konnte; sie waren einfach normale Menschen. Aber ich, ich war doch »ein Mann Gottes«. Ich
glaube, sie dachten insgeheim: Wenn schon einem Gottes-
mann so etwas passieren kann, was mag *uns* dann noch
alles blühen?

»Wir können nicht verstehen, wie Ihnen so etwas
Furchtbares geschehen konnte.« Und wissen Sie was? Genau das fand ich auch.

Tatsache ist: Ich glaubte, Besseres verdient zu haben.
War ich nicht Pastor? Wenn ein Mensch sein Leben für
Gott lebt, hat er da nicht etwas Anerkennung verdient?
Stehen ihm da nicht ein paar Bonbons zu? He, Gott, ich
bin doch dein Kind, und dir dienen tue ich auch, da wirst
du mich doch nicht einfach hängenlassen, oder?

Ich will ja nur, daß du fair zu mir bist, Gott. Ist das
zuviel gefragt? Und es ist doch wohl nicht fair, wenn die

Kinder meiner Freunde ihr Examen bestehen, eine Anstellung kriegen, sich verheiraten und eine Familie gründen, und mein Sohn liegt im Grab? Ein bißchen Gerechtigkeit, Herr, bitte.

Ein bißchen Gerechtigkeit.

Ich weiß noch, wie im Juli 1993 die Bilder von der Flutkatastrophe am Mississippi durchs Fernsehen gingen. Deiche und Dämme brachen, die rasenden Wassermassen ergossen sich in ganze Städte. Eine Nachrichtensendung zeigte einen Farmer und seine Frau, wie sie auf ihrem überfluteten Sojafeld Wasserski fuhren.

»Wir haben mit Millionenaufwand diese Dämme gebaut«, sagte der Bürgermeister einer der überschwemmten Städte. »Wir haben uns ganz auf sie verlassen, aber sie sind gebrochen.«

Ich auch, Bruder. Ich habe mich auf die Dämme des Glaubens und des Gebets verlassen. Und dann kam die Flut und spülte sie hinweg. So schien es mir damals jedenfalls.

Um ein anderes Bild zu nehmen: Ich hatte mir den christlichen Glauben immer als eine Art Puffer vorgestellt, als weiches Kissen, das mich vor den Ecken und Kanten des Lebens schützen würde. Und dann durchstach eine dieser Kanten mein Schutzkissen und riß mein Fleisch auf – und dann begannen sie, die schmerzlichen Fragen, und ich machte die erschütternde Entdeckung: *Man kann Gott vertrauen und doch Schiffbruch erleiden.*

Dies ist der Punkt, wo man zu entdecken beginnt, was für einen Glauben man hat. Denn darüber sind sich Gott und der Teufel einig: Ein bloßer Schönwetterglaube ist nicht echt. Die Anfrage des Satans ist berechtigt.[1]

Die Welt Hiobs beginnt zusammenzubrechen. Eines Tages kommt ein völlig erschöpfter und verstörter Bote herbeigerannt: Räuber sind über die Esel- und Rinderherden hergefallen, haben alle Tiere genommen und die Knechte getötet. Allein der Bote ist entkommen.

Der Bote ist noch nicht fertig, da kommt schon der nächste: Feuer ist vom Himmel gefallen und hat die Schafe und Ziegen und ihre Hirten verbrannt; nur der Bote selbst ist entkommen.

Ein dritter Bote kommt: Nomaden haben die Kamelherden überfallen. Nur der Bote konnte sich retten.

Und noch bevor Hiob diese neue Unglücksnachricht verdauen kann, ist auch schon der vierte Bote da: Ein Wüstensturm hat das Haus, in dem Hiobs Söhne und Töchter feierten, umgerissen: Hiobs Kinder sind tot.

Ich glaube, wenn ich Hiob gewesen wäre, ich hätte gesagt: »Den nächsten, der durch die Tür kommt, erschieße ich!«

Aber was tat Hiob? Er zerriß sein Gewand, fiel nieder und betete Gott an. Hören wir zu:

> Ich bin nackt von meiner Mutter Leib gekommen, nackt werde ich wieder dahinfahren. Der Herr hat's gegeben, der Herr hat's genommen; der Name des Herrn sei gelobt! (Hiob 1, 21).

Und dann kommt einer der erstaunlichsten Sätze in der ganzen Bibel: »Trotz allem, was geschehen war, versündigte sich Hiob nicht. Er machte Gott keinen Vorwurf« (Vers 22).

Der Einsatz steigt

Gott hat die erste Runde gewonnen.

Der Teufel muß außer sich gewesen sein. Aber er gibt nicht auf. Wieder erscheint er vor Gott, und als dieser wieder Hiobs Treue lobt, läßt der Satan seine zweite Herausforderung los:

»Ein Mensch ist bereit, seinen ganzen Besitz aufzugeben, wenn er dafür seine Haut retten kann. Aber rühre doch einmal ihn selber an! Wetten, daß er dich dann öffentlich verflucht?« (Hiob 2, 4-5).

Und wieder nimmt Gott die Herausforderung an: »Gut! Ich gebe seinen Körper in deine Gewalt. Aber sein Leben darfst du nicht antasten!« (Vers 6). Warum Hiobs Leben schonen? Weil man sonst nicht weiß, wer die Wette gewonnen hat. Tote können Gott nicht verfluchen oder preisen.

Das Ergebnis? Hiob sitzt in einem Aschenhaufen und kratzt mit einer Scherbe seine juckenden Geschwüre, während seine Frau ihn auffordert, Gott zu verfluchen und zu sterben (Hiob 2, 8-9).

Hiobs schier unglaubliche Antwort an seine Frau: »Wie eine Törin redet, so redest du. Nehmen wir das Gute an von Gott, sollen wir dann nicht auch das Böse annehmen?‹ Bei alldem sündigte Hiob nicht mit seinen Lippen« (Vers 10 Einheitsübersetzung).

Unerhört.

Dienen wir Gott auch dann noch, wenn unser Lebensdrama zur Tragödie wird? Ich benutze hier das Wort *Tragödie bzw. tragisch* durchaus in seiner wörtlichen, literarischen Bedeutung, um zwischen dem zu unterscheiden, was manche Theologen »radikales« und »normales« Leiden nennen.

John Barbour definiert eine Tragödie als

den Sturz eines guten Menschen. »Ein guter Mensch« ist eine Person von besonder großer ethischer Vollkommenheit – jemand, der das Tugendideal seiner Kultur verkörpert. Der Protagonist einer Tragödie leidet oder stirbt, seiner moralischen Güte zum Trotz, auf eine ungewöhnlich schreckliche Art. Ein Zentralthema tragischer Literatur ist, daß menschliche Tugend nicht ausreicht, um glücklich zu werden, daß vielmehr stets der tragische Irrtum droht. Oft begeht die tragische Person gerade auf Grund ihrer moralisch edelsten Handlungen ihren tragischen Fehler und rennt in ihr Verderben; ein weniger Tugendhafter wäre dem Unglück entkommen. Es ist gerade die Tugend der Zentralfigur, die zu ihrem Sturz beiträgt.[2]

Radikales (tragisches) Leiden ist Leiden, das erniedrigt, entmenschlicht, den menschlichen Geist zerstört. Es ist (wie etwa der Tod eines Kindes) etwas, das sich nicht als verdiente Strafe für ein Fehlverhalten verstehen läßt.[3]

Das ist nicht fair!

Hiob leidet gerade deswegen, weil er ein guter Mensch ist. Er muß entdecken, daß man Gott perfekt dienen kann und trotzdem leiden muß. Genau dies macht seinen Fall so ungeheuerlich. Hiob hat sein Los nicht verdient!

Wäre Hiob ein alter Sünder gewesen, wir könnten sagen: »Es gibt doch noch Gerechtigkeit in der Welt. Jetzt kriegt er endlich, was er verdient hat.« Und wenn er ein Durchschnittsmensch gewesen wäre, würden wir vielleicht sagen: »Da hat er ja wirklich einen miesen Tag erwischt! Aber so ist das Leben; den einen geht es gut, den anderen dreckig.«

Wäre Hiob ein böser Mensch gewesen – kein Problem. Und genau dies ist schon immer eines der stärksten Argumente gegen die Existenz Gottes gewesen: Wie kann es sein, daß guten Menschen Böses widerfährt? Es ist doch das Selbstverständlichste der Welt, daß es den Guten gut zu gehen hat. Aber alles menschliche Gutsein garantiert uns kein Glück in diesem Leben. Und umgekehrt führt Glücklichsein nicht unbedingt dazu, daß ein Mensch gut wird.[4]

Das eigentliche Problem

Hiobs Leiden erschöpft sich nicht in dem Verlust seines Besitzes und seiner Kinder, ja noch nicht einmal in seiner Krankheit. Da ist noch mehr.

Hiob muß feststellen, daß der Glaube, den er sein Leben lang gehabt hat, falsch war! Seine Theologie bricht unter dem Druck der Tatsachen zusammen.

Die herrschende Theologie jener Zeit war einfach: Gott segnete die Gerechten und verfluchte die Sünder. Gesundheit und Reichtum waren untrügliche Zeichen dafür, daß jemand Gott auf seiner Seite hatte, Krankheit und Armut ebenso untrügliche Zeichen des göttlichen Zornes.

Aber Hiob wußte in seinem Herzen, daß er unschuldig war. Er hatte nichts getan, was ein solches Leiden verdient hätte, und doch brach dieses Leiden über ihn herein. Und alles, was er geglaubt hatte, alles, was seinem Leben Ordnung und Sinn gegeben hatte, alles, was er über Gott zu wissen gemeint hatte – all das brach mit einem Mal zusammen.

Dies ist die größte Krise, die einen Menschen treffen kann. Unser ganzes Leben lang bauen wir, bewußt oder unbewußt, an unserem Glaubenshaus: daß diese Welt eine Welt der Ordnung und Gerechtigkeit ist, regiert von einem weisen Schöpfer. Wenn diese innere Festung, die uns soviel Sicherheit gibt, fällt, dann wird unser Leben ein sinnloses Chaos – sofern wir nicht den Schleier des Geheimnisses durchstoßen und eine Erklärung finden, die den Sinn wiederherstellt. Und in den Tagen Hiobs hieß diese Erklärung: »Er hat gesündigt.«

Zum Glück hat diese Art Theologie heute ausgedient. Oder?

Vor nicht allzu langer Zeit erhielt ich einen Rundbrief, in welchem der Schreiber sagte: »Ihre finanzielle Lage spiegelt Ihre geistliche Lage wider.« (Neckischerweise erhielt ich am gleichen Tag von demselben Pastor einen Bettelbrief, der mich dringend zu einer großzügigen Spende zwecks Begleichung ausstehender Rechnungen aufforderte.)

Dergleichen ist natürlich totaler Blödsinn – genauso wie der Versuch gewisser Leute, zu beweisen, daß Jesus und seine Jünger in Wirklichkeit steinreich gewesen seien.

Tatsache ist: Wir bekommen Schuldgefühle, wenn etwas schiefgeht in unserem Leben. Da steht eine Mutter neben dem Bett ihres schwerkranken Kindes und flüstert: »Gott straft mich.« Für was, weiß sie selber nicht, aber etwas muß es wohl sein. Oder ein Geschäftsmann sieht den Bankrott heranrutschen und fragt sich, welche Sünden er wohl begangen hat.

Vielleicht kennen Sie solche Situationen selber – sonst hätten Sie dieses Buch vielleicht gar nicht in die Hand genommen. Vielleicht ist es ganz »normal«, zu glauben, daß unser Leiden das Ergebnis von Sünde in unserem Leben ist, und wir werden immer superfromme Leute finden, die uns in solchen Gedanken bestätigen. Aber solche Leute stellen sich, wenn sie uns streng oder salbungsvoll zu »mehr Glauben« oder zum »Bekenntnis unserer Sünden« auffordern, eigentlich auf die Seite des Teufels. Oder auf die Seite der drei Freunde Hiobs.

Aber zurück zu Hiob. Wenn unser Leben zusammenbricht und wir vor der dunklen Frage stehen, warum es gerade uns getroffen hat, sind auch wir, wie einst Hiob, gezwungen, neu über Gott nachzudenken und zu reden. Werden wir ihm trotz allem weiter dienen?

Gott, wenn du damals vor dem Satan geschwiegen hättest, hätte Hiob nicht leiden müssen. Was sagst du vielleicht gerade jetzt, was mich ins Leiden führen kann? Warum sprichst du mit deinem Gegenspieler, dem Teufel – und nicht mit mir, deinem Kind?

Ich bin jeden Tag dankbar für den Freund, der bemerkte, daß Trauer einsam macht. Er meinte damit nicht nur, daß ich, der Trauernde, getrennt bin von dir, dem Glücklichen. Er meinte auch, daß gemeinsames Trauern die so Trauernden voneinander trennt. Denn obwohl wir in unserer Trauer vereint sind, trauern wir doch verschieden. So, wie jeder Tod anders ist, so hat auch jede Trauer ihr eigenes Wesen – ihr eigenes Ventil. Wir müssen der Trauer jedes Menschen ihren eigenen, individuellen Ausdruck lassen, ohne sie zu beurteilen. Ich mag es seltsam finden, daß deine Augen heute tränennaß sind, aber gestern trocken waren, wo *ich* doch gestern geweint habe. Aber meine Trauer ist nicht deine Trauer.

Und noch etwas: Ich muß mich so anstrengen, das Leben wiederzugewinnen, daß ich dir nicht meine Hand hinstrecken kann, und du nicht mir, sondern der Nichttrauernde muß uns beide anrühren. »Wann treffen wir uns mal?« – das sagen die Leute, wenn sie glücklich sind.

Nicholas Wolterstorff, *Lament for a Son*

KAPITEL 13

Allein

Vor einiger Zeit aßen Kaye und ich mit einem anderen Pastorenehepaar in einem Restaurant zu Mittag. Die Frau meines Kollegen war seit Jahren stark manisch-depressiv. Wir sprachen über ihre Krankheit, und es zeigte sich, daß das Krankheitsleid dieser Frau durch die Einstellung ihrer Freunde und Kollegen noch verstärkt wurde. Wie die meisten depressiven Menschen trug sie eine doppelte Last: die Krankheit selber und die Ablehnung und Stigmatisierung durch ihre Mitmenschen. Ich erinnerte mich, irgendwo gelesen zu haben, daß diese Stigmatisierung der destruktivste Faktor bei der Behandlung und Genesung von psychisch Kranken ist.[1] Ich erinnerte mich auch, wie ein paar Wochen vor dem Tod unseres Sohnes ein christlicher Psychiater, der im ganzen Land Konferenzen über Familienprobleme abhielt, mich eingeladen hatte, doch als zweiter Redner mitzuwirken; nach Ronnies Selbstmord hörte ich nie mehr von ihm.

Als die Pastorenfrau mit stockender Stimme die zuweilen bizarren Phasen ihrer Depression beschrieb, nickte Kaye wiederholt und sagte: »Ja, so war das bei unserem Ronnie auch. Ja, das hat Ronnie auch gemacht.«

Plötzlich sprang die Frau fast von ihrem Stuhl hoch, die Augen weit, ihr ganzes Gesicht ein Bild der Erleichterung. »Ihr versteht mich ja!« rief sie. »Ihr versteht mich ja!«

Ich staunte. War das denn dieser Frau genug? Wir boten ihr ja keine Antworten an, keine Lösungen. Aber sie hatte auch keine verlangt. Alles, was sie brauchte, war ein

115

Mensch, der sie verstand. Sobald sie ihn gefunden hatte, war sie nicht mehr allein.

Jemand, der sagt: »Ich verstehe dich . . .«

Das war mehr, als Hiob hatte.

Die letzte Katastrophe, die über Hiob hereinbrach, war eine entsetzliche, lepraartige Krankheit, die damals als sicheres Zeichen des Gerichtes Gottes galt. Hiob hatte nicht nur die Schmerzen auszuhalten, sondern er war jetzt auch ein sozial Ausgestoßener, der in den Abfall- und Aschehaufen vor den Stadtmauern saß und seine Geschwüre mit einer Tonscherbe kratzte.

Da fand ihn seine Frau. Und sie sagte: »Willst du Gott jetzt immer noch die Treue halten? Verfluche ihn doch und stirb!« (Hiob 2, 9).

Nicht viel Verständnis hier.

Aber die Nachricht von Hiobs Unglück erreichte seine drei besten Freunde: Elifas, Bildad und Zofar. Sie kamen sofort, um ihn zu trösten. Mit Entsetzen sahen sie ihn in der Asche sitzen. Sie weinten laut, zerrissen ihre Kleider und warfen Staub in die Luft.

Endlich. Verständnis. Mitleid.

Und dann setzten die drei Freunde sich neben ihn auf den Boden und schwiegen sieben Tage lang. Und nachdem sie sieben Tage so gesessen hatten, wie Geier, die auf den Tod des verdurstenden Wüstenwanderers warten, sprachen sie.

Elifas sagte: »Deine Sünde hat den Zorn Gottes heraufbeschworen.«

Bildad sagte: »Gott macht keine Fehler. Er kennt deine Sünden, auch wenn du selber sie nicht kennst.«

Zofar sagte: »Wer bist du, daß du die Wege Gottes in Frage stellst? Du leidest wegen deiner Sünden.«

Freundestrost? Verständnis?

Aber wie konnten sie anders? Hiobs Freunde *müssen*

116

ihn anklagen, ihre Theologie zwingt sie dazu. Ihre vorge-
fertigten Lehren sind ihnen wichtiger als die Wahrheit. Sie
kämpfen um ihr religiöses Leben. *Ihre* Gottesfurcht, *ihre*
Gerechtigkeit steht auf dem Spiel. Denn hier stellt *ein
leidender Gerechter* ihre Theologie in Frage, und das darf
nicht sein. »Ihre einzige Verteidigung ist, ihren Freund zu
verleugnen und sich von ihm abzuwenden. Wenn die Ver-
leugnung *eines* Menschenlebens der Preis ist, den sie für
die Erhaltung ihrer theologischen Struktur zahlen müssen, nun also, so sei es.«[2]

Wir sind so versessen darauf, diese theologische Struktur zu schützen, daß wir vor schier nichts zurückschrek-
ken, um ein Haar in Hiobs Suppe zu finden – irgendeine
Sünde oder Schwäche, irgend etwas, womit er sein Unglück verdient hat. Und das, obwohl sowohl der Autor des
Buches als auch (zweimal!) Gott selber klarstellen, daß
Hiob ohne Fehl ist.

Viele moderne Hiobströster überlesen geflissentlich,
daß Gott in Hiob 2, 3 deutlich sagt, daß er Hiob »ohne
jeden Grund« ruiniert (nicht sehr ermutigend für die
Freunde des frommen positiven Denkens), und stürzen
sich wie die Geier auf Hiobs Klage in Kapitel 3, Vers 25:
»Denn was ich gefürchtet habe, ist über mich gekommen,
und wovor mir graute, hat mich getroffen«. »Aha!« rufen
sie aus. »Da haben wir es! Hätte Hiob nicht diese Ängste
gehabt, hätte er nicht leiden müssen!«

Dieser Erklärungsversuch ist – einmal abgesehen davon, daß die Bibel ihn nicht akzeptiert – bestens dazu
geeignet, überhaupt erst Ängste entstehen zu lassen: die
Angst nämlich, daß ein einziges unbedachtes Wort oder
Gedanke mich ins Unglück stürzen kann. Welche Mutter
etwa hat wirklich noch nie, keine Sekunde lang den Tod
ihres Kindes gefürchtet?

Nein, die Angst-Erklärung ist nichts als ein Aberglaube, der nicht zur Freiheit in Christus, sondern zur Sklaverei unter dem Satan führt.

Gott stellt ganz klar: Was Hiob geschieht, geschieht ohne Grund. Sicher, auf Gottes Seite gab es schon einen Grund. Aber nicht bei Hiob selber.

Wer diese Tatsache nicht akzeptiert, ist nicht besser als Hiobs drei Freunde, die als Tröster zu ihm kamen und ihn dann nur kritisierten und die Gott später wegen ihrer Worte hart tadelte. Wie ein moderner Autor es ausdrückt:

Die menschlichen Verstehenshorizonte sind begrenzt und erfassen bestenfalls einen Teil der Wahrheit, und wer Hiob verstehen will, muß sich darüber klar sein. Wer keine unbeantworteten, ja unbeantwortbaren Fragen akzeptieren kann, der kann sich nicht zu Schicksalsschlägen äußern. Auch nicht, wer sich weigert zu fragen. *Platte Antworten verweigern Hiob die Anerkennung und das Mitleid, das sein Leiden und seine Integrität fordern.*[3]

Vom Rathaus zum Müllplatz

Hiob ist tief gefallen. Vorbei die Tage, wo Freunde sich um ihn scharten, ihm schmeichelten, seinen Rat suchten. Vorbei die Tage trauten Ehe- und Familienglücks.

Hiob steht – oder vielmehr sitzt – allein da. Alles hat er verloren, nur eines ist ihm geblieben: das Bewußtsein seiner Unschuld, und an ihm klammert er sich fest.

Hiobs Leidensgeschichte verläuft in mehreren Phasen. Zuerst die sinnlosen, tragischen Schicksalsschläge. Es geht ihm wie Josef K., dem Helden in Franz Kafkas Roman *Der Prozeß*, der aus dem blauen Himmel heraus verhaftet wird, ohne auch nur zu erfahren, wessen man ihn beschuldigt.

Und jetzt also die zweite Phase: Der leidende Hiob muß das Unverständnis seiner Freunde erfahren. Hören wir zu, wie er seine trostlosen Tröster anklagt:

Wer so am Boden liegt, braucht treue Freunde,
daß er nicht aufhört, sich an Gott zu halten.
Doch ihr enttäuscht mich wie die Steppenflüsse,
die trocken werden, wenn es nicht mehr regnet.
Wenn Eis und Schnee in Frühjahrswärme schmelzen,
dann sind die Flüsse voll von trübem Wasser;
doch in der Sommerhitze schwinden sie,
ihr Bett liegt leer und trocken in der Glut ...
Doch ihr Vertrauen wurde nicht belohnt:
an leeren Flüssen endete die Hoffnung.
Für mich seid ihr genau wie diese Flüsse:
weil ihr mein Unglück seht, weicht ihr zurück.

(Hiob 6, 14-17 und 20-21)

Isoliert

Alles Leiden – ob seelisch oder körperlich, ob es ein aufsässiges Kind ist oder eine zerbrechende Ehe oder der drohende Konkurs – isoliert. Der Leidende lebt in einer anderen Welt. Seine Not drückt jedem Augenblick seiner Existenz ihren Stempel auf. Auf jeden Teil seines täglichen Lebens fällt ihr unheimlicher Schatten. Cynthia Swindoll hat ihren fünfzehnjährigen Kampf mit der Depression so zusammengefaßt:

»Depression ... schwarz wie tausend mondlose Nächte in einem Zypressensumpf. Unbeschreibliche Einsamkeit. Keine Gottesgewißheit mehr. Das ganze Leben fade und öde. Das Gefühl, verlassen zu sein, wertlos, nicht mehr liebenswert. Der Schmerz ist entsetzlich.«[4]

Manchmal kommt es zu dieser Isolation, weil Gott im Leben des Leidenden auf eine besondere, ungewöhnliche, vielleicht unkonventionelle Art arbeitet. So ungewöhnlich und unkonventionell, daß die Mitmenschen es nur als Gericht oder Strafe verstehen können. Sie glauben Gottes Wege zu kennen: So und nur so verfährt Gott. Und wenn er es plötzlich nicht so tut, können sie nur eine Schlußfolgerung ziehen: Dieser Mensch ist von Gott gestraft.

Wie Hiobs Freunde müssen sie, um ihre Glaubenswelt zu verteidigen, die Integrität des Leidenden in Frage stellen.

Und so sitzt Hiob als Ausgestoßener in der Asche.

Einsamkeit

Isolation führt zur Einsamkeit. Der Schriftsteller Joseph Conrad hat gesagt, daß die Menschen so leiden müssen wie sie träumen: allein. Weil Hiobs Freunde seine Not nicht verstehen, verstärkt ihr Besuch seine Einsamkeit nur noch. Es ist behauptet worden, daß die schrecklichste der Erfahrungen, die ein Mensch in den ersten Jahren seines Lebens macht, die Einsamkeit ist und daß das Alleinsein vielleicht der größte Schmerz des Leidenden ist.[5]

Da sitzt am Sonntagmorgen inmitten einer singenden, händeklatschenden Gemeinde eine Frau, deren Ehemann gerade bei einem Flugzeugabsturz umgekommen ist – und sie ist allein. Die Freude der anderen Gläubigen um sie herum verstärkt ihren Schmerz nur noch. Nein, sie wird nicht zum Abendgottesdienst zurückkommen.

Sie ist einer der Autoren von Psalm 42:

> Wenn ich an früher denke, geht das Herz mir über:
> Da zog ich mit der großen Schar zum Hause Gottes,

da konnte ich jubeln und danken in der feiernden
Menge (Vers 5).

Aber die allergrößte Einsamkeit kommt nicht aus der
Isolation von Verwandten, Freunden und Mitmenschen,
sondern aus dem nagenden Gefühl, von Gott verlassen zu
sein. Das war es, was Hiob durchmachte. Und was ihn
(und so oft auch uns) bitter machte.

Bitterkeit

Die Einsamkeit in Hiob 6 wird zur Bitterkeit in Hiob 7.
Isolation, Einsamkeit, Bitterkeit – die Stufenleiter unbe-
wältigten Leidens. Bitterkeit gegenüber dem Gott, der
doch hinter diesem furchtbaren Schmerz und Elend steht.

> Warum nimmst du den Menschen denn so wichtig,
> daß du den Blick auf ihn gerichtet hältst?
> Zur Rechenschaft ziehst du ihn jeden Morgen
> und stellst ihn immer wieder auf die Probe.
> Wann blickst du endlich weg, läßt mich in Ruhe ...
> Warum bin ich das Ziel für deine Pfeile?
>
> (Hiob 7, 17-20)

Daß Hiob so zu Gott spricht – kaum zu glauben, nicht
wahr? Es erinnert uns daran, daß das Buch Hiob nicht eine
Geschichte passiver Unterwerfung, sondern aktiven Protestes ist. Und, wie wir später noch sehen werden, die
Psalmen zeigen uns, daß ein solches Reden in der Gegenwart Gottes durchaus erlaubt ist.

Es fällt ins Auge, daß Hiob nicht über Gottes Abwesenheit klagt, sondern über seine Gegenwart. Gott ist ihm zu
nahe auf die Pelle gerückt. Die bittere Seele empfindet
Gottes Gegenwart als erstickenden Druck.[6]

Den modernen Leser mag es verwundern, daß Hiob keine Minute lang an der Existenz Gottes zweifelt. Moderne Leidende versuchen das Geheimnis ihres Schmerzes ja oft dadurch in den Griff zu bekommen, daß sie entweder Gottes Existenz oder zumindest seine Allmacht leugnen. Hiob tut keines von beiden.

Für Hiob ist das Problem nie: »Gibt es Gott?« Oder: »Ist Gott allmächtig?« Sein Problem ist das *Wesen* Gottes: Was ist das für ein Gott, der seinen treuesten Freund wie einen Feind behandelt? (Möglicherweise bedeutet der Name *Hiob* sogar »Feind«.[7])

Als C. S. Lewis während des Krebsleidens seiner Frau mit Gott kämpfte, faßte er seine Gedanken in diese Worte:

> Nicht, daß ich ernsthaft in Gefahr stünde, nicht mehr an Gott zu glauben. Die eigentliche Gefahr ist, daß ich anfange, solche gräßlichen Dinge über ihn zu glauben. Die Schlußfolgerung, vor der ich Angst habe, ist nicht: »Es gibt also doch keinen Gott«, sondern: »So ist Gott also wirklich; mach dir nichts mehr vor.«[8]

Und so bleibt die Frage: Diene ich Gott auch noch, wenn ich ganz allein dastehe? Oder, noch undiplomatischer ausgedrückt: Werde ich auch dann Gott treu bleiben, wenn es so aussieht, als ob er mir nicht mehr treu ist?

Einer meiner besten Freunde, Manley Beasley, starb 1990. Was seine vielen Freunde damals überraschte, war nicht sein Tod, sondern daß er so lange gelebt hatte. 1970 hatte er nicht weniger als fünf schwere Krankheiten bekommen, davon drei, die seinen baldigen Tod erwarten ließen, und die nächsten zwanzig Jahre verbrachte er am Tropf – nein, nicht am medizinischen, sondern am geistlichen. Jesus wurde buchstäblich sein Leben. Wie Manley es ausdrückte: »Ich lebe, weil Christus lebt.« Wohl mindestens ein dutzendmal in diesen zwanzig Jahren kam Manley an den Rand des Todes, nur um jedesmal stärker als zuvor ins Leben zurückzukehren. Mindestens sechsmal bin ich ins Krankenhaus gegangen, um ihm auf Wiedersehen zu sagen, weil die Ärzte meinten, er würde die nächste Nacht nicht mehr überleben. Einmal sagte ich ihm: »Du bist der Mensch, dem man am schwersten auf Wiedersehen sagen kann.« Und trotz seiner Krankheiten arbeitete dieser Mann weiter für Gott und zeigte Tausenden in der ganzen Welt, was es heißt, im Glauben zu leben.

Bei seiner zweitletzten Einlieferung ins Krankenhaus legte man ihn für mehrere Monate auf die Intensivstation. Als Kaye und ich ihn besuchten, waren wir sicher, daß dies aber ganz bestimmt das allerletzte Mal war, daß wir ihn sahen. Dann fuhren wir nach Georgia, wo uns die Nachricht erreichte, daß Manley nicht etwa gestorben, sondern zum großen Erstaunen aller, nicht zuletzt seiner Ärzte, aus dem Krankenhaus entlassen worden war.

Ich rief ihn zu Hause an, und wir sprachen lange. Nach dem Gespräch schrieb ich ihm den folgenden Brief, datiert auf den 4. November 1988:

Unser Telefongespräch eben hat mein Herz auf verschiedene Weise angesprochen. Wie gut ist Gott, daß er uns unseren Herzenswunsch erfüllt und Dich uns erhalten hat. Ich glaube, Dein größter Dienst liegt noch vor Dir, und wenige Menschen werden je ermessen, was er gekostet hat.

Seit einiger Zeit studiere ich jene großartige Passage in Römer 8 (Vers 31-39), und ich finde, daß ich meine Vorstellung von »Sieg« revidieren muß. Paulus zählt all das Böse und nicht so Böse in dieser Welt auf, das uns bedroht, und sagt dann, daß wir in all diesen Dingen Überwinder, ja mehr als Überwinder sind – »Super-Überwinder« ist das Wort. Es bedeutet, daß wir über das bloße Überwinden, den bloßen Sieg hinausgehen. Wir tun mehr als bloß siegen; wir erlangen etwas noch Größeres und Besseres. Der Sieg Gottes zeigt sich nicht notwendig in der Errettung vor Hunger oder dem gewaltsamen Tod. Die Marinesoldaten können uns vor dem gewaltsamen Tod retten und das Rote Kreuz vor dem Hunger.

In Vers 35 zählt Paulus lauter böse, katastrophale Dinge auf: Trübsal, Angst, Verfolgung, Hunger, Blöße, Gefahr, Schwert.

Und dann, in Vers 38, führt er Dinge auf, die gut, natürlich oder neutral sind: Tod, Leben, Engel (nicht die gefallenen), Mächte und Gewalten, Gegenwärtiges, Zukünftiges, Hohes, Tiefes und alles Geschaffene. All diese Dinge sind Phänomene des täglichen Lebens und weder gut noch notwendigerweise böse, sondern neutral.

Was versuchen nun diese beiden Arten von Dingen? Sie versuchen, uns von der Liebe Gottes zu trennen. Eine überraschende Aussage. Wenn *ich* über diese Dinge sprechen würde, würde ich den Schmerz und das Leid erwähnen, das sie verursachen, die Todesgefahr, die Angst, den Schrecken, den sie in unser Herz bringen. Aber Paulus sagt nicht, daß der Sieg des Christen darin besteht, diesen Dingen zu entfliehen oder sie abzuschaffen. Für Paulus ist dies der Sieg: daß selbst die schrecklichsten Mächte und Ereignisse »uns nicht scheiden können von der Liebe Gottes, die in Christus Jesus ist, unserm Herrn«.

Was ist also der *größte* Erweis der Macht Gottes? Nicht, daß er den Schmerz oder den Tod wegnimmt, sondern daß er uns trotz allem und durch alles hindurch in der Liebe zu sich bewahrt.

Und jetzt das, worauf ich hinaus will: *Die Verzweiflung des Leidenden beruht nicht auf der Tiefe des Leidens, sondern auf der Tiefe seines Bewußtseins, von Gott getrennt zu sein.*

Du sagst, daß der Friede kam, als du endlich Gottes Hand ergreifen konntest. Das Leiden wurde nicht weniger dadurch, es war so tief wie eh – aber die Trennung war nicht mehr da. Du fühltest dich nicht mehr getrennt von Gott.

Jesus hat am Kreuz nicht den Schmerz der Nägel oder des Schwertes oder die Schande seiner Nacktheit hinausgeschrien. Sein Verzweiflungsschrei war: »Mein Gott, mein Gott, warum hast du mich verlassen?«

Ich glaube, die Angst und Verzweiflung, die ich in einem Krankenhausbett verspüre, wenn ich zwischen Tod und Leben liege, kommt nicht so sehr von den Schmerzen oder der Todesangst, sondern daher, daß meine Verbindung zu Gott abgerissen zu sein scheint. Ich spüre nicht mehr seine Gegenwart, ich halte nicht mehr seine Hand. Und wenn ich sie dann doch wieder spüre, ist das Trennungsgefühl weg, die Verzweiflung und Angst hören auf. Der Schmerz mag bleiben – die Verzweiflung nicht. Nicht Leiden, sondern Trennung untergräbt unser Gottvertrauen. Was meinst du?

In alter Verbundenheit,   Ron

Nun, was meinen *Sie?*

Ich glaube, Teilhard de Chardin hatte recht: *Freude ist nicht die Abwesenheit von Schmerz, sondern die Gegenwart Gottes.*

KAPITEL 14

Wenn Gott schweigt

Schweigen kann schrecklich sein.

Besonders für einen Fünftkläßler.

Unsere Lehrerin, Miss Meyers, hatte das Klassenzimmer verlassen, und ihre dreißig Schüler legten ihr »Macht keine Dummheiten, während ich weg bin« auf ihre Weise aus. Wir schwatzten, lachten, kicherten, warfen mit Papierkügelchen, klaubten unsere angebrauchten Kaugummis unter den Tischen hervor und übten, wer sie am weitesten werfen konnte. Ich hatte mich gerade umgedreht, mit dem Rücken zur Tür, und beharkte einen zwei Reihen entfernt sitzenden Mitschüler mit Papierkügelchen, als sich plötzlich eine lähmende Stille auf den Raum legte, gerade so, als habe jemand einen Aus-Schalter betätigt. Es war das unheimlichste Nicht-Geräusch, das ich je gehört hatte. Ich wußte, was es bedeutete, und es bedeutete nichts Gutes. Langsam drehte ich mich um, krampfhaft bemüht, an Miss Meyers' Augen vorbeizusehen. Den Rest des Nachmittags verbrachte ich als Büßer auf dem Flur.

Ich muß hier an den ersten Vers im 8. Kapitel der Offenbarung des Johannes denken: »Als das Lamm das siebte Siegel aufbrach, war es eine halbe Stunde im Himmel ganz still.« Stille vor dem Sturm.

Gottes Schweigen kann furchtbar sein. Das Gefühl der Trennung von Gott, das ich im letzten Kapitel erwähnte, wird noch verstärkt, wenn Gott schweigt. Der in der Asche sitzende Hiob fordert Gott auf, endlich zu reden und zu sagen, was er gegen ihn hat. Hiob hat doch wohl das gute Recht, zu wissen, für welche Vergehen er so bestraft wird!

Daß Gott schweigt, wirkt verdächtig. Ist es am Ende das Schweigen des schlechten Gewissens? Für Hiob ist die Frage nicht mehr, ob *er* unschuldig ist, sondern ob *Gott* unschuldig ist. Kann jemand, der so unverdient leidet wie Hiob, noch glauben, daß ein schweigender Gott ein gerechter Gott ist?

Und so klagt Hiob Gott an. Er schleudert ihm seine Fragen entgegen. Er verlangt von Gott, daß er seine Taten rechtfertigt.

Aber der Himmel schweigt. Beim ersten Lesen des Buches Hiob ist man vielleicht überrascht, daß Gott Hiob niemals erklärt, warum er so leiden muß. Selbst als dann alles vorbei ist, weiß Hiob immer noch nicht, warum er gelitten hat. Niemals erfährt er von dem Gespräch zwischen Gott und dem Satan und von der Wette.

Es gibt viele tiefverletzte Menschen, die dahinleben und schließlich sterben, ohne zu erfahren, warum ihr Leben auseinandergebrochen ist. Wenn Gott nur endlich etwas sagen würde! Gott, ich will doch nur wissen, warum das alles passiert ist! Wenn du nur zu mir reden würdest! Nur ein kleiner Hinweis, nur ein Wort, bitte!

Aber wir lernen, wie Hiob, die harte Lektion, daß Gott sich niemandem erklären muß. Die Menschen brauchen ein System der Gerechtigkeit. Gott nicht. Gott setzt zwar fest, wie der Mensch sich im Leben zu verhalten hat, aber er selbst ist an diese Gebote nicht gebunden, wenn er nicht will.

Gott bricht sein Schweigen

Und dann spricht Gott endlich doch. Endlich, jetzt wird er antworten! Es war auch Zeit. Nach 37 Kapiteln Schweigen werden wir Gottes Version der Geschichte hören.

Gut. Hören wir, was Gott Hiob aus dem Sturm heraus sagt:

> Wer bist du, daß du meinen Plan anzweifelst,
> von Dingen redest, die du nicht verstehst?
> Nun gut! Steh auf und zeige dich als Mann!
> Ich will dich fragen, gib du mir Bescheid!
>
> (Hiob 38, 2-3)

Frei übersetzt: »Hiob, du hast ja keinen Schimmer, was überhaupt Sache ist. Schnall dich an, Sohn, es ist Zeit, daß du mir ein paar Fragen beantwortest.«

Ich habe das dumme Gefühl, daß Hiob nicht ganz kriegen wird, was er wollte. Aber wenigstens schweigt Gott nicht mehr.

> Wo warst du denn, als ich die Erde machte?
> Wenn du es weißt, dann sage es mir doch!
> Wer hat bestimmt, wie groß sie werden sollte?
> Wer hat das mit der Meßschnur festgelegt?
>
> (Hiob 38, 4-5)

Hoppla: Gott beantwortet keine Fragen, er stellt Hiob welche. Und diese Fragen haben mit dem, was Hiob geschehen ist, überhaupt nichts zu tun. Gott scheint wie ein Richter zu sein, der mitten im Prozeß eingenickt ist – er geht überhaupt nicht auf das Hauptplädoyer ein.

Gott hat jedes Recht

Endlich spricht Gott – und fordert Hiob auf, sich doch bitte einmal in der Schöpfung umzusehen. Er hält ihm das Universum vor: Wo warst du, Mensch, als ich die Erde schuf?

Was will Gott damit sagen? Er sagt, daß er jedes Recht hat, so zu handeln, wie er handelt. Gott allein hat das riesige All geschaffen und begriffen, und Gott allein hat das Recht, über es zu regieren, und das Recht, zu sagen, ob er es gut regiert.

Dies ist die erste Hürde. Und vielleicht die schwierigste. Wir werden nie fähig werden, mit den Enttäuschungen des Lebens zu leben, wenn wir mit dieser Sache nicht klarkommen.

Gott begegnen – das heißt nicht, daß wir Antworten auf unsere Fragen bekommen, sondern daß wir die richtigen Fragen lernen. Und die richtige Frage ist hier: »Hat Gott ein Recht, das zu tun, was er tut?«

Dies war die erste Frage, mit der ich an dem Abend, wo wir von Ronnies Tod erfuhren, konfrontiert war. Auf seinem Grabstein stehen die folgenden Worte aus Psalm 115: »Unser Gott ist im Himmel; er tut alles, was er will.« Dies ist der Vers, der mir an jenem Abend als erstes in den Sinn sprang.

Gott hat einen Grund

Schließlich antwortet Hiob Gott:

> Ich weiß jetzt, daß dir nichts unmöglich ist;
> denn alles, was du planst, führst du auch aus.
>
> (Hiob 42, 2)

Gott hat ein Ziel, sagt Hiob. Ich weiß vielleicht nicht, was es ist; es genügt, zu wissen, daß er eines hat.

Und dies ist eine der ganz großen Lektionen des Buches Hiob: Unser Leiden hat eine Funktion in den Plänen Gottes. »Diese Tatsache verbindet unser menschliches Leben – gerade dort, wo es keinen Sinn mehr zu geben scheint – mit Gottes Plan. Aus dem Schmerz wird ein Vorrecht; Leid wird zum Zeichen der Zuwendung Gottes.«[1]

Gott hat eine Belohnung

Ein Letztes will der Autor des Buches Hiob uns zeigen: Gott hat eine Belohnung bereit.

> Der Herr aber wandte das Geschick Hiobs, nachdem er für seine Freunde gebetet hatte, und gab ihm doppelt soviel wieder, als er gehabt hatte ... Der Herr segnete Hiob mehr als je zuvor (Hiob 42, 10 und 12 Bruns).

Hiobs Verwandte und Freunde feierten ein rauschendes Fest mit ihm; jeder schenkte ihm eine große Silbermünze und einen goldenen Ring.

Ich liebe diesen Satz: »Der Herr segnete Hiob mehr als je zuvor.« Ich glaube, das will Gott bei uns allen tun. Er bewahrt, wie Jesus bei der Hochzeit in Kana, den besten Wein immer bis zuletzt auf.

Wie belohnte er Hiob? Er gab ihm doppelt soviel, wie er vorher gehabt hatte. Im einzelnen:

14.000 Schafe und Ziegen statt 7.000.

6.000 Kamele statt 3.000.

2.000 Rinder statt 1.000.

1.000 Esel statt 500.

Und sieben Söhne und drei Töchter statt sieben Söhnen und drei Töchtern. Hoppla, da muß ich falsch gelesen haben. Noch einmal: Er hatte sieben Söhne und drei Töchter ... Nein, das kann nicht stimmen. Zehn Kinder hatte er doch schon gehabt, dann mußten es jetzt doch zwanzig sein. Oder stimmt meine Bibelübersetzung nicht?

Aber in Ihrer Bibel steht auch »sieben Söhne und drei Töchter«? Was ist das nur?

Halt, ich hab's! Er hatte ja wirklich zwanzig Kinder. Zehn hier auf der Erde und zehn im Himmel. Weil man nämlich einen Menschen, der zum Himmel geht, nicht verloren hat.

Dr. Vance Havner war vierzig Jahre lang ein reisender Prediger. Er heiratete erst, als er 40 war und es sich reiflich überlegt hatte, wie er sich ausdrückte. Er lernte nie Auto fahren; seine Frau, Sara, fuhr ihn zu seinen Vorträgen, sofern sie nicht das Flugzeug oder den Zug nahmen. Die beiden waren unzertrennlich. Bis 1973, als Sara starb.

Danach sagte hin und wieder jemand zu Dr. Havner: »Ich habe gehört, daß Sie Ihre Frau verloren haben.«

Worauf er antwortete: »Nein, ich habe sie nicht verloren. Ich weiß genau, wo sie ist. Wenn Sie wissen, wo ein Mensch ist, haben Sie ihn nicht verloren.«

Und dann zitierte er das folgende Gedicht:

> Uns nicht trennen kann der Tod,
> denn ich weiß: Sie ist bei Gott.
> Sie in Christus, er bei mir:
> eins in Christus beide wir.

Eine letzte Anmerkung: Gott sagte Elifas, daß er zornig war auf ihn und seine beiden Freunde, weil sie nicht die Wahrheit über ihn gesagt hatten wie sein Diener Hiob. Und er befahl ihnen, Opfer für ihre Schuld darzubringen, und fuhr fort: »Hiob soll für euch beten; denn auf ihn werde ich hören und euch nicht bestrafen, wie ihr es mit eurem Reden verdient hättet« (Hiob 42, 8).

Ist das nicht ein schönes Detail? *Wer viel leidet, der kann auch retten.*

Ich stelle mir gerne vor, wie Gott anschließend den Satan suchte. Der machte sich dünn. Gott fand ihn wahrscheinlich hinter einem Busch sitzen. »Komm raus, Satan, ich habe die Wette gewonnen! Ich wußte doch, daß Hiob mir umsonst dienen würde.«

Ob Gott eines Tages auch auf mich zeigen und dem Teufel sagen kann: »Siehst du, ich wußte doch, daß er mir umsonst dienen würde«?

DRITTER TEIL:

Was, wenn ich nicht weiter weiß?

Gott in der Dunkelheit

Zwei Ungeheuer drangen auf mich ein
und sperrten mich in ihren Folterturm:
im Herz der Elendsschrei »Allein! Allein!«
und in dem Wald der kalte Wintersturm.

John Crowe Ransom

Da Gott aber derart verborgen ist, ist jede Religion, die
nicht lehrt, Gott sei verborgen, nicht die wahre.

Pascal

Wer ist unter euch, der den Herrn fürchtet, der der
Stimme seines Knechts gehorcht, der im Finstern
wandelt und dem kein Licht scheint? Der hoffe auf den
Namen des Herrn und verlasse sich auf seinen Gott!

Jesaja 50, 10

KAPITEL 15

Die dunkle Seite der Gnade

Vor ein paar Jahren saß ich zusammen mit vier Männern, alles prächtige Christen, und einem Verleger in einem Motelzimmer. Wir unterhielten uns darüber, welche Themen in christlichen Büchern besonders dringend zu behandeln seien. Die Themen reichten von Gebet und persönlichem Bibelstudium bis hin zum Ehe- und Familienleben. Eigentlich nichts Neues.

Dann machten wir unsere Mittagspause, und das Gespräch wurde »nichtdienstlich«. Und siehe da, meine sämtlichen vier Kollegen bekannten in einem plötzlichen Ehrlichkeitsausbruch, daß es zur Zeit finster in ihrem geistlichen Leben war. Einer gab zu, seit sechs Monaten nicht mehr Gottes Gegenwart gespürt zu haben, die anderen konnten nicht mehr beten oder hatten keine Zuversicht mehr in ihrem Leben. Sie erfüllten ihre Pastorenpflichten natürlich weiter, predigten, machten Krankenbesuche, verkündigten das Evangelium, taten alles, was man so von einem Pastor erwartet. Aber sie spürten nicht mehr Gottes Gegenwart. Bei einem war es so schlimm geworden, daß er begonnen hatte, an seiner Erlösung zu zweifeln, was ihn hart ankam – um so mehr, als er gerade erst ein höchst erfolgreiches Buch über das Leben des Christen geschrieben hatte.

Mit einem Wort: Alle vier Männer gingen durch ein finsteres Tal. Was gewissermaßen gute Kunde für mich war, hatte ich doch gedacht, daß ich der einzige sei, dem es so ging.

Als wir nach dem Essen unser Arbeitsgespräch fortführten, fanden wir alle, daß ein Buch über dieses Thema nötig war, denn wir waren sicher nicht die einzigen mit diesem Problem. Aber es wurde nichts aus dem Buch. Das Thema war einfach nicht vermarktbar.

Unausweichlich und legitim?

Finsternis, Verzweiflung, Depression – sind dies legitime geistliche Erfahrungen? Der Prophet Jesaja sah es so: »Wer von euch den Herrn fürchtet, der höre auf die Stimme seines Knechtes. Wer im Dunkeln lebt und wem kein Licht leuchtet, der vertraue auf den Namen des Herrn und verlasse sich auf seinen Gott« (Jesaja 50, 10 Einheitsübersetzung).

Was sagt Jesaja hier? Daß man einen gottesfürchtigen Menschen daran erkennt, wie er sich verhält, wenn es dunkel wird.

Das Bild, das Jesaja malt, ist das eines Menschen, der zu Fuß unterwegs ist. Während er seinen Weg dahinwandert, wird es plötzlich dunkel. Der hebräische Urtext besagt, daß er »in tiefster Dunkelheit wandert, ohne auch nur einen schwachen Lichtschimmer, der ihm den Weg zeigen könnte«. Wenn es hell ist, weiß man, wo man ist; man sieht, wo man hingeht, man kann die Wegweiser lesen und weiß, wie lange es noch bis zum Ziel ist. Wenn man Licht hat, kann man Hindernisse auf dem Weg erkennen und Freund von Feind unterscheiden. Licht – das bedeutet Wissen und Sicherheit.

Im Dunkeln habe ich nichts von alledem. Ich fühle mich allein, verraten und verlassen. Die Theologen haben einen lateinischen Fachausdruck dafür: *Deus Absconditus* – »der verborgene Gott«. Richard Foster nennt dies »die Sahara des Herzens«.[1] Johannes vom Kreuz beschrieb es als »der Seele dunkle Nacht«.

Die dunkle Nacht der Seele – wo kein Licht fällt auf das »Warum?« unseres Leidens; wo die üblichen »Gnadenmittel« – Gebet, Anbetung, Singen, Gottes Wort – keine Wirkung auf den erschlaffenden Geist haben; wo unsere geistliche Haut sich taub anfühlt; wo die bewährten Formeln und Bücher und Freizeiten und Seminare leer und hohl erscheinen; wo wir entdecken, daß es Dinge gibt, aus denen wir uns nicht herausbeten oder herausloben können. Wir können tun, was wir wollen – dem Teufel befehlen, zu weichen, uns auf das Blut Jesu oder unsere Schutzengel berufen oder von mir aus Knoblauchzehen um den Hals tragen –, es hilft nichts; nichts kann unsere Dunkelheit erhellen.

Dunkler und dunkler

Doch, diese »dunkle Nacht der Seele« ist eine unausweichliche, ja legitime Erfahrung im Leben des Gläubigen. Sie ist »kein Trampelpfad, sondern eine Hauptstraße«.[2] Zu allen Zeitaltern sind Heilige diese dunkle Straße gegangen, ja sie ist ein Hauptthema in vielen Psalmen:

> Herr! Hast du mich für immer vergessen? Wie lange willst du dich denn noch verbergen? (Psalm 13, 2).
> Ich dürste nach Gott, nach dem wahren, lebendigen Gott. Wann darf ich zu ihm kommen, wann darf ich ihn sehen? Tränen sind meine Nahrung bei Tag und Nacht, weil man mich ständig fragt: »Wo bleibt er denn, dein Gott?« ...
> Warum bin ich so verstört? Muß ich denn verzweifeln? ...

Ich sage zu Gott, meinem Beschützer: Warum hast
du mich vergessen? Warum muß ich ständig leiden,
warum dürfen die Feinde mich quälen? (Psalm 42,
3-4 und 6 und 10).

Und es gibt noch viele andere solche Psalmen; ich möchte
hier nur Psalm 22, 25, 39, 86, 88 und 109 erwähnen. Es gibt
fast genauso viele Klage- und Protestpsalmen wie es Lob-
und Dankpsalmen gibt. Aber wir hören nicht viel über sie.

Und das ist merkwürdig, betrachten wir doch die Psalmen gemeinhin als das Gesangbuch der Kirche. In vielen
Gemeinden erleben wir zur Zeit im Rahmen der Lobpreis-
bewegung eine wahre Renaissance des Psalmsingens.

Warum singen wir in unseren Gottesdiensten nie Psalm
88? Ich weiß, warum. Hören Sie zu:

Herr, mein Gott, du allein kannst mich retten! Tag
und Nacht schreie ich zu dir. Laß mein Gebet zu dir
dringen, hör meinen Hilferuf! (Vers 2-3).

Und dies ist der Hilferuf:
Ich habe mehr als genug gelitten und stehe schon
mit einem Fuß im Grab. Alle meinen, mit mir sei es
aus; die Kräfte schwinden mir, ich kann nicht mehr.
Man hat mich aufgegeben wie einen Toten; mir geht
es wie den Erschlagenen, die man ins Massengrab
geworfen hat – du sorgst nicht mehr für sie, deine
Hilfe erreicht sie nicht mehr (Vers 4-6).

Es wird noch schlimmer:
In den tiefsten Abgrund hast du mich gestürzt, wo
ewige Dunkelheit mich einschließt. Dein Zorn
drückt mich zu Boden, in schweren Wogen rollt er
über mich hin. Meine Freunde hast du mir entfrem-

det, sie wenden sich voll Abscheu von mir ab. Ich bin im Elend gefangen und finde keinen Ausweg; vor lauter Schmerzen wird mir schwarz vor Augen (Vers 7-10).

Sie wollen nicht mehr? Gut, überspringen wir den Rest und gehen gleich zum Ende. Vielleicht wird doch noch alles gut.

Solange ich denken kann, bin ich gequält und dem Tode nah. Du erschreckst mich mit immer neuen Plagen, so daß ich fast an dir irre werde. Wie ein Feuersturm ist dein Zorn über mich gekommen, deine furchtbaren Angriffe haben mich zerschlagen. Sie bedrohen mich von allen Seiten, dringen täglich auf mich ein wie tödliche Fluten. Meine Freunde und Nachbarn hast du mir entfremdet; mein einziger Begleiter ist die Finsternis (Vers 16-19).

Versuchen Sie mal, diesen Psalm in Ihrem nächsten Lobpreisgottesdienst zu singen ...
Nein, besser nicht. Es wäre zu deprimierend.
Deprimierend, aber *real*.
Ich weiß, daß es real ist, weil es in der Bibel steht, weil ich es selber erlebt habe und weil ich jede Woche in der Seelsorge mit Menschen zu tun habe, die gerade durch diesen Tunnel müssen und die ehrlich sagen können: »Mein einziger Begleiter ist die Finsternis.«
Die Tapfersten sprechen mich nach den Gottesdiensten an. Ich sehe sie aus dem Augenwinkel heraus, wie sie nervös abwarten, bis ich die letzte Hand geschüttelt, das letzte »Schönen Sonntag« gesagt habe. Manche geben es auf und gehen, aber andere warten störrisch weiter, und wenn ich dann endlich allein bin, treten sie zu mir, den

Blick gesenkt, die Stimme ein tonloses Flüstern. Finsternis.

Sie sind Außenseiter, weil ihre Not »ungeistlich« ist. Sie sind den anderen Gliedern der Kirche des Mitfühlenden Gottes peinlich. Sie geben ungern zu, daß es Nacht in ihrer Seele ist, aus Angst, wieder die gleiche alte Leier anhören zu müssen: »Reiß dich zusammen.« – »Bekenne deine Sünden.« – »Sterbe deinem Ich ab.« – »Kreuzige dein Fleisch.« – »Zähle deine Segnungen.« – »Sei froh, daß du keinen Krebs hast.«

Ich glaube, manche würden gerne Krebs bekommen, wenn sie dafür aus ihrer Seelennacht herauskämen. Dann könnten sie wenigstens offen über ihr Leid reden und Hilfe und Trost suchen – und bekommen.

Jahreszeiten der Seele

In seinem Buch *A Cry of Absence*, das nach dem Tod seiner ersten Frau entstand, spricht Martin E. Marty über den »Winter des Herzens« – jene eisigen Winde, die kommen, wenn Leid oder Tod zugeschlagen haben, jene kalte Leere im Herzen. »Wenn eine Liebe stirbt oder der Geliebte fremd und fern wird, dann kriecht der bittere Winterfrost in das leere Loch im Herzen ... Aber er kommt auch in die Einöde, die entsteht, wenn das Göttliche fern, das Heilige weit weg ist, wenn Gott schweigt.«[3]

Und der Winter, sagt Marty, ist genauso eine Jahreszeit der Seele wie der Sommer und Frühling. Aber er stößt auf wenig Verständnis. Die herrschende religiöse Atmosphäre duldet nur die helle, frohe Sommerspiritualität.

Da sehnt sich jemand nach der wärmenden Gegenwart des Heiligen Geistes. Er ruft einen Freund an, der als »vom Geist erfüllt gilt«. Der Freund meldet sich mit einem knackigen »Preist den Herrn!« Die beiden treffen sich persönlich: hier eine frierende Seele, die Wärme sucht, dort rührige Begeisterung. Wie soll der Geist Gottes überspringen, wenn die »geisterfüllte« Person nichts als Sommersonnenschein im Herzen duldet? Kein Stirnrunzeln überschattet ihr Gesicht, die Lippen, früher mißbilligend zusammengepreßt, sind in einem kosmetischen Lächeln erstarrt. »Des Herrn Wille.« Kein Ohr hier für den Sturm des geplagten Herzens. Der Herr, so heißt es, hat uns doch Leben im Überfluß gegeben, und nur ein Sünder starrt noch das Loch in seinem Herzen an. Christus ist die Antwort, der Geist ist warm, jawohl, und Durchzug nicht erlaubt in den Wänden und Fenstern der Seele.[4]

Marty weiter:

Aber vielleicht hat diese Sonnenscheinspiritualität weniger mit dem Geist Gottes zu tun als vielmehr mit solchen Dingen wie Charakter, sozialer Schicht, dem Monatseinkommen und dem, was als schicklich empfunden wird? Nicht jeder Gläubige ist der geborene Begeisterungschrist, komplett mit Chorussen, Armefuchteln und Händeklatschen. Mag sein, daß ein solcher Gottesdienststil das Richtige und Natürliche für bestimmte Personen in bestimmten Gegenden und sozialen Schichten ist. *Aber muß jeder Christ so sein?* Wollen wir den mehr förmlichen, etwas zugeknöpften Christen aus der warmen Stube des Gottesreiches verbannen, weil sein Charaktertyp von der zurückhaltenden, ein wenig gezierten Art ist?[5]

Ich habe Marty so ausführlich zitiert, weil ich es selber nicht besser ausdrücken könnte. »Muß jeder Christ so sein?« fragt er. Muß jeder den gleichen geistlichen Stil haben? Wir liegen voll daneben, wenn wir uns einbilden, daß alle Christen ihren Glauben auf die gleiche Art auszudrücken haben. Was für den einen die neuesten Chorusse inklusive Händeklatschen, ist für den anderen Orgelmusik und »Jesu meine Freude« oder »Nun lob, mein Seel, den Herren«. Wer behauptet, das erste sei lebendige Anbetung und das zweite nicht, der zeigt damit nur, daß sein Verständnis von Anbetung recht flach ist.

Müssen wir alle gleich sein? Sollen wir Christus ähnlicher werden oder unseren Mitchristen? Gottes Gnade und Erlösung machen uns nicht zu Plastikpuppen. Wir sind in Christus, aber wir sind immer noch Menschen, mit unserem ganz spezifischen Wesen, unserer ganz individuellen Persönlichkeit. Diese Persönlichkeit, dieser Körper ist Gott wichtig. Vergessen wir nicht, daß er einmal unseren *Körper* auferwecken wird. Unser Herr Jesus im Himmel besitzt etwas, das er vor seiner Menschwerdung nicht hatte: einen Körper. In diesem individuellen Körper wurde er auferweckt, in diesem Körper legt er jetzt für uns Fürbitte beim Vater ein. Und dieser selbe Jesus, in demselben Körper, wird einmal wiederkommen, um uns zu sich zu holen.

Ich habe den Verdacht, daß viele »Sommerchristen« in Wirklichkeit ein »Winterherz« haben. Sie verdrängen die Realität und nennen das Glauben. Aber sie wagen nicht, das zuzugeben, damit die Gemeinde der Begeisterten sie nicht aus ihrer Mitte stößt.

Leiden und Schweigen

In manchen christlichen Kreisen hat der Leidende zu schweigen; seine Not offen aussprechen ist unanständig. Doch durch Schweigen wird die Dunkelheit nur noch schwärzer. Wie wir bei Hiob schon sahen, ist der leidende Mensch der isolierte Mensch. Er erlebt sich als von Gott und Mitmenschen verlassen. Die Last des Leidens schweigend ertragen müssen bedeutet, daß wir nur noch einsamer und isolierter werden.

Die Bibel fordert nicht zu solchem Schweigen auf; sie verbietet uns nicht, unser Leiden hinauszuschreien. Wenn wir irgend etwas von Hiob und Jeremia und David lernen können, ja auch von Jesus und seinem Kreuzesschrei »Mein Gott, mein Gott, warum hast du mich verlassen?«, dann dieses: daß es richtig und wichtig ist, daß wir dem Schmerz unserer Seele Ausdruck geben. Manchmal ist ein Leid nur erträglich, wenn wir es aussprechen können.

> Das Leiden muß Sprache finden und benannt werden, und zwar nicht nur stellvertretend für viele, sondern in persona von den Leidenden selber. Es ist notwendig, daß Menschen zum Sprechen kommen, um nicht vom Unglück zerstört oder von der Apathie verschluckt zu werden ... Ohne die Fähigkeit, miteinander zu kommunizieren, kann es keine Veränderung geben. Das Verstummen, die totale Verhältnislosigkeit ist der Tod.[6]

Ich habe in meiner Finsternis eine wertvolle, befreiende Wahrheit gelernt: Ich darf Gott sagen, wie mir zumute ist. Wissen tut er es ja sowieso schon. Ich habe Gott nie etwas gesagt, was er nicht schon gewußt hätte. Er war nie schockiert von meinen Worten, und er hat anschließend nie gesagt: »Das hätte ich aber nicht von dir gedacht.«

Der unverfügbare Gott

Israel hatte ständig mit dem Problem zu kämpfen, daß Gott in der einen Situation machtvoll gegenwärtig und in der anderen fern und verborgen war. Das Volk hatte eine Leidenschaft für Gottes Gegenwart; einer seiner Glaubensartikel war, daß Gott mit ihm war. Und doch konnte Jesaja sagen: »Fürwahr, du bist ein verborgener Gott, du Gott Israels, der Heiland« (Jesaja 45, 15).

»Israel wurde wiederholt von der Erfahrung der Verborgenheit Gottes geplagt. Wieder und wieder machte die Diskrepanz zwischen religiösen Überzeugungen und der Erfahrungsrealität dieses Problem zu einem zentralen Thema des religiösen Denkens in Israel.«[7]

Es ist ebenso erstaunlich wie lehrreich, daß die Israeliten, als sie ihre heiligen Schriften niederschrieben, diese Erfahrung nicht ausließen oder zu verstecken suchten. Dies gilt ganz besonders für die Klage- und Protestpsalmen. Warum ließ man diese Psalmen nicht einfach weg? Wenn man seinen Glauben attraktiv machen und seinen Marktwert steigern will, bleiben solche Worte doch besser ungesprochen.

In seinem Kommentar zu Psalm 88 fragt Walter Brueggemann: »Was hat ein solcher Psalm eigentlich in der Bibel zu suchen?«[8] Brueggemanns Antwort: Er steht in der Bibel, weil das Leben tatsächlich so ist und weil die Psalmen das ganze Leben ansprechen und nicht nur einen Teil. Ich habe weiter oben gesagt, daß Psalm 88 ein deprimierender Psalm ist. Aber das Deprimierende wird lebendig *ausgedrückt.* Es handelt sich nicht um einen Psalm »der stummen Depression. Er ist lebendige Rede, die sich an jemanden richtet. In der Tiefe der Grube weiß Israel, daß es immer noch mit Jahwe zu tun hat.«[9]

Brueggemann unterteilt die Psalmen in Psalmen der

Orientierung und Psalmen der Desorientierung. Er findet es merkwürdig, daß die Kirche in einer Welt, die immer stärker als desorientiert empfunden wird, weiter fast nur Lieder der Orientierung singt. Was er zu diesem Thema zu sagen hat, trifft so ins Schwarze, daß ich ihn ausführlich zitieren möchte.

> Meiner Überzeugung nach ist dieses Verhalten der Kirche weniger ein evangelikales Dennoch des Glaubens als vielmehr eine dumpfe Verdrängung und ein verängstigter Selbstbetrug, der die Desorientierung des Lebens nicht anerkennen oder erfahren will. Der Grund für diese hartnäckige Betonung der Orientierung scheint mir nicht aus dem Glauben zu kommen, sondern aus dem optimistischen Wunschdenken unserer Kultur.
>
> Bedenkt man, wie viele der Psalmen Lieder der Klage und des Protestes über eine unheile Welt sind, so muß solche Verdrängung und Beschönigung merkwürdig erscheinen, besonders wenn sie von Menschen praktiziert wird, die eine Leidenschaft für die Bibel haben. Zumindest ist deutlich, daß eine Kirche, die angesichts der rauhen Wirklichkeit des Lebens weiter ihre »Glücklich-Lieder« singt, etwas ganz anderes tut als die Bibel selber.[10]

Ich möchte es noch einmal sagen: Ich schlage nicht vor, daß wir in unseren Gottesdiensten Psalm 88 singen. Aber unsere Gemeinden müssen endlich begreifen, daß das Leiden an der unheilen Welt eine legitime geistliche Erfahrung vieler ihrer Glieder ist und daß diese Glieder Hilfe und Ansprache brauchen. Hören wir noch einmal Brueggemann:

> Der Gebrauch dieser »Psalmen der Dunkelheit« mag von der Welt als *Akt des Unglaubens und Versa-*

gens gebrandmarkt werden; für die Gemeinschaft der Glaubenden ist er *ein Akt mutigen Glaubens*, allerdings eines transformierten Glaubens. Er ist ein Akt mutigen Glaubens, weil er darauf besteht, die Welt so zu nehmen, wie sie ist, und nicht, wie wir sie uns vorstellen. Und er ist mutig, weil er darauf besteht, daß alle solchen Erfahrungen der Unordnung ein legitimes Thema des Gesprächs mit Gott sind. Es gibt hier nichts Unanständiges, nichts Verbotenes, hier ist nichts tabu. Es hat alles seinen Platz im Gespräch des Herzens. Teile des Lebens aus diesem Gespräch heraushalten wollen heißt, Teile des Lebens aus der Souveränität Gottes herausschneiden. Und so lehren uns diese Psalmen, daß alles *zur Sprache gebracht* werden muß und daß alles zur Sprache gebrachte *an Gott gerichtet* werden muß, der der letzte Bezugsort für unser ganzes Leben ist.[11]

Ich habe vorhin gesagt, daß es mich überrascht, daß Israel bei der Niederschrift seines Glaubens diese dunkle Dimension seiner religiösen Erfahrung nicht ausgelassen hat. Aber noch erstaunlicher ist folgendes: Beim Studium dieser Psalmen der »Desorientierung« mußte ich feststellen, daß *der Psalmist kein einziges Mal sagt, daß er nicht mehr auf Gott vertraut*. Selbst in den dunkelsten dieser Psalmen erscheint Gott als derjenige, der in den Wirren und Nöten des Lebens zugegen ist und der diese Wirren und Nöte sieht. Es ist genau solch hartnäckiger, protestierender, klagender Glaube, der neues Leben aus dem Tod hervorbringt.

Aber jetzt will ich über eine andere Art von Dunkelheit reden.

Der Angstschrei der Seele erhob sich zu Gott:
  »Herr, nimm Du den Schmerz!
Den Schatten, der stumm macht, die Welt, die doch Dein,
  und martert das Herz,
die eiserne Kette, die bindet und drückt,
  daß Flügel nicht fliegt –
Herr, nimm Du den Schmerz von der Welt, die doch Dein,
  daß sie Dich mehr liebt!«

Es hörte der Herr diesen Schrei, und Er sprach:
  »Soll ich nehmen den Schmerz,
und mit ihm der Seele Bewährung und Kraft,
  das standhafte Herz?
Soll ich nehmen das Mitleid, das Herzen verknüpft,
  und Opferbegier?
Wollt ihr nicht mehr die Helden, die im Feuer den Blick
  erheben zu mir?
Soll ich nehmen die Liebe, die teuer erkauft,
  wie hoch auch der Preis?
Könnt ihr wirklich entbehren auf dem Weg hin zu Mir
den Christus am Kreuz?

Autor unbekannt

KAPITEL 16

Noch dunkler als dunkel

Als unseres Lebens Mitte ich erklommen,
Befand ich mich in einem dunklen Wald,
Da ich vom rechten Wege abgekommen.

Wie schwer ist's, zu beschreiben die Gestalt
Der dichten, wilden, dornigen Waldeshallen,
Die, denk' ich dran, erneun der Furcht Gewalt!

Kaum bittrer ist es in des Todes Krallen;
Des Guten wegen, das er mir erwies,
Bericht' ich, was im Wald sonst vorgefallen.

– Dante, *Göttliche Komödie*,
Beginn der Höllenfahrt

»Zum Psychiater gehen nur Verrückte.«

Wie oft hatte ich diesen Satz gehört und zustimmend gelacht. Und jetzt starrte ich auf das Schild an der Tür, die ich gerade zu öffnen im Begriff war: Doktor der Psychiatrie. Ich hatte zehn Jahre gebraucht, um zu dieser Tür zu kommen.

Alle sagten, daß wir den Selbstmord unseres Sohnes vorbildlich und als echte Christen bewältigt hatten. Und zuerst hatte ich das auch geglaubt. Waren wir nicht umgeben von gläubigen Verwandten und Freunden, erfuhren wir in diesen furchtbaren Tagen nicht, daß Gottes Gnade genug war und sein Friede höher als alle Vernunft? »Ihr seid ein herrliches Beispiel dafür, was es heißt, als sieghafter Christ zu leben«, schrieb uns ein lieber Freund.

Ironischerweise erlebten wir während Ronnies Krankheit den größten Aufschwung und Erfolg in unserer Gemeindearbeit. Im Frühjahr 1970 schenkte Gott unserer Familie und Gemeinde etwas, das man nur als echte Erweckung bezeichnen konnte. Es geschahen Dinge, die man nur Wunder nennen konnte. Gebetsgruppen wurden gegründet, die rund um die Uhr und sieben Tage in der Woche tätig waren. Fast täglich taten Menschen Buße und wurden zurechtgebracht. In unseren Gottesdiensten war Gottes Nähe förmlich greifbar. Wir lernten, was es heißt, im Geist zu kämpfen. »Preist den Herrn!« wurde das Motto unserer Gemeinde. Wir glaubten ehrlich, daß wir uns aus jedem Problem herausbeten und herauspreisen konnten.

Als dann unser Sohn im Grab lag, dachten wir, unerfahren im Leiden, wie wir waren, daß das Schlimmste hinter uns lag. Das Schrecklichste, was Eltern geschehen konnte, war geschehen, und wir hatten es überlebt. Wie die Israeliten, die die Leichen der ertrunkenen Ägypter antreiben sahen, dachten wir, daß unsere Feinde vernichtet seien.

Dies waren die frühen 70er Jahre, also die Zeit vor der Flut von christlichen Lebenshilfebüchern, Seelsorgeangeboten und Familienseminaren. In christlichen Kreisen – jedenfalls in unseren – sprach man nicht über Depressionen oder den Tod oder den Trauerprozeß. Niemand sagte uns, daß, egal wie gut wir die Situation im Augenblick zu bewältigen schienen, wir nun einmal von einer traumatischen Katastrophe getroffen worden waren. Kaye und ich hatten niemanden, der uns an die Hand nahm und durch den Trauerprozeß hindurch begleitete. Hätten wir jemanden gehabt, vielleicht wäre uns das, was jetzt folgte, erspart geblieben. Aber damals dachte ich, daß es hier nur um Geistliches ging.

Depression – das schwarze Loch

In den ersten Monaten des Jahres 1976 glitt ich langsam in ein dumpfes Unbehagen, eine Art stumme Verzweiflung hinein. Unser Ronnie war tot, ja er hatte Selbstmord begangen. So war das also. Hieß das nicht, daß die glücklichen Tage meines Lebens hinter mir lagen, daß das Beste vorüber war? Egal, wieviel Gutes die Zukunft noch bereithielt – so gut wie in der Vergangenheit konnte es nie mehr werden.

Die ersten ernsteren Symptome kamen, als ich eines Abends auf der ersten Bank in unserer Kirche saß und auf den Beginn des Gottesdienstes wartete. Urplötzlich packte mich die Angst – eine undefinierbare, aber sehr reale Angst. Heute abend predigen? Unmöglich. Gleich zur Kanzel gehen und zu all den Leuten reden – um Himmels willen! Aber ich mußte es doch, in zehn Minuten war es soweit. Und ich ging hinaus in einen dunklen Korridor, lief wie ein Tiger im Käfig hin und her und flehte Gott an, mich durch den Gottesdienst zu bringen.

Und er brachte mich durch. Aber schon bald kam der nächste Gottesdienst mit Angstattacken. Und der übernächste. Ich begann mich rar zu machen. Kaum waren die Gottesdienste zu Ende, verließ ich die Kirche. Ich ging den Menschen aus dem Weg. Damals muß ich wohl den Ruf bekommen haben, ein Einzelgänger zu sein. Einmal sagte ein Pastor, als er mich seiner großen Sonntagmorgengemeinde vorstellte (und das auch noch im Fernsehen!): »An Ron Dunn kommt man nicht so leicht heran.«

Als es mir ein paar Jahre danach besser ging, war eines der ersten Anzeichen dafür, daß ich wieder gerne mit anderen Menschen zusammen war.

Zusammen mit meiner Angst kamen auch die körperlichen Beschwerden, die ich in Kapitel 4 erwähnt habe. Sie verstärkten meine Depression noch (die ich noch nicht als solche erkannt hatte).

Verstehen Sie – ein Christ, und dann noch ein Pastor, von der fundamentalistischen »Sieghafter Christ«-Sorte der US-Südstaaten, durfte keine Depressionen haben! Er ging auch nicht zu Psychiatern, und christliche Psychiater gab es ja sowieso nicht (für einige Christen gibt es sie heute noch nicht). Und wozu auch? Man hatte doch die Bibel... Und solange wir weiter Leib und Seele auseinanderreißen, werden wir weiter so denken.

»Depression ist eine Störung der seelischen Stimmung, die sich dem Ich – dem vermittelnden Intellekt – so merkwürdig schmerzlich und ungreifbar äußert, daß sie fast nicht zu beschreiben ist. Wer sie nicht selber in ihrer extremen Form durchgemacht hat, kann sie daher so gut wie nicht verstehen.«[1]

Die psychiatrische Literatur über Depressionen ist reich, eine Theorie über ihre Ursachen löst die andere ab. Der Satz »Depression hat viele Gesichter« steht in irgendeiner Form in fast jedem Buch, das ich zu dem Thema gelesen habe. Dr. Grace Ketterman führt das Entstehen von Depressionen auf das Zusammenwirken von vier Faktoren zurück:[2]

1. Erbliche Veranlagung
2. Verhaltens- und Denkmuster in der Familie
3. Einfluß der Umgebung
4. Streß

Depressionen können genauso ernst werden wie jede andere Krankheit, etwa Diabetes oder Krebs. Unser manisch-depressiver Ronnie hatte keine größere Kontrolle über seinen Tod als ein Krebspatient im letzten Stadium. Einem Depressiven zu sagen, daß er doch nur die Bibel braucht, ist etwa dasselbe, wie wenn man einem Chirurgen sagt, daß er zur Entfernung eines Tumors nur die Bibel braucht.

Mißverstehen Sie mich nicht. Ich glaube schon, daß man bei vielen Problemen – etwa gewissen Arten der Depression, Zorn, Bitterkeit, Ehe- und Familienkrisen – in der Tat die Bibel braucht, oder genauer gesagt: Christus und seinen Geist, wie sie durch die Kraft des Wortes Gottes wirken.

Aber es geht hier noch um mehr. Ich hatte alle geistlichen Waffen, die ich kannte, gegen meine Depressionen ausprobiert. In seinem Buch *The Masks of Melancholy* bemerkt Dr. John White:

> Leider neigen Christen dazu, ihre Depressionen nur rein geistlich zu sehen. Sie meinen, sie hätten Gott irgendwie enttäuscht. Auch fromme Juden fallen in diese rein religiöse Deutung ihrer Erfahrungen. Und ein Seelsorger, der in dem gleichen Denkschema befangen ist, kann bei dem einen Klienten völlig korrekt ein geistliches Problem diagnostizieren, aber die Depressionskrankheit bei dem anderen übersehen, so daß er Glauben verlangt, wo Glaube nicht möglich ist, oder zu Lobpreis auffordert, wo das Herz verdorrt ist wie eine Backpflaume.[3]

Wo dies geschieht, werden oberflächlich die Symptome behandelt, während die Krankheit weiterschreitet.

Achtung, Risiko!

Im Juni 1994 sprach ich auf dem Rapha-Gebetsmittagessen, das jedes Jahr in Verbindung mit dem jährlichen Treffen der Southern Baptist Convention in den USA stattfindet. Rapha ist eine amerikanische Hilfsorganisation, die Erwachsenen und Jugendlichen mit psychiatrischen oder Drogenproblemen Christus-zentrierte Hilfe anbietet.[4]

Das Rapha-Mittagessen ist in erster Linie für Pastoren und ihre Ehefrauen gedacht. Vor etwa 1.300 Gästen gab ich meine Erfahrungen weiter, über die ich gerade in diesem Kapitel berichte. Eine Woche nach der Konferenz erhielt ich einen Brief von einem Pastor, der mir dankte, daß ich ohne Rücksicht auf meinen guten Ruf so mutig gesprochen hatte und das Risiko der Offenheit eingegangen war.

Guter Ruf? Mut? Risiko? Bloß weil ich zugegeben hatte, daß ich zehn Jahre lang mit furchtbaren Depressionen gekämpft hatte und schließlich zu einem Psychiater gegangen war? Was hatte ich da angestellt? Und über 6.000 Kassetten mit meiner Rede waren an Pastoren in ganz Amerika verschickt worden ...

Ehrlich gesagt, ich habe mich gefragt, ob ich dieses Kapitel wirklich schreiben sollte. Ich weiß genau: Egal wie vorsichtig ich mich ausdrücke, irgend jemand wird mich immer mißverstehen. Die einen werden meine »Enthüllungen« abstoßend finden; »darüber spricht man nicht« Andere werden behaupten, daß der Herr Pastor Dunn halt zuviel Sünde und zuwenig Glauben gehabt habe. Ja, das Risiko ist da.

Und ich muß auch Christian Beker zustimmen, wenn er schreibt, daß »persönliche Erfahrungen den Leser unangenehm aus seiner Freiheit, sich seine eigenen Gedanken zu machen, herausreißen können«.[5]

Ich habe nur einen Grund für meine Beichte: Ich kann die Schrecken der Depression einfach nicht vergessen: den unerträglichen Schmerz, die Einsamkeit, die Hilflosigkeit, die Isolation, die bodenlose Verzweiflung, den »heulenden schwarzen Sturm im Gehirn«.[6]

153

Und ich bin ja keine Ausnahme. Ich will, daß die anderen wissen, was ich mitgemacht habe, und daß Hilfe möglich ist. Ich habe während meiner Depressionsjahre eine schmerzliche Lücke im Angebot der Kirche entdeckt. Es gab keinen Raum für den Christen, in dessen Seele es »Winter« war. Ich fand keine Hilfe in christlichen Büchern (vielleicht gab es auch schon welche, und ich habe sie übersehen), Seminaren oder Konferenzen. Predigten über das Thema? Fehlanzeige.

Ich fand damals mehr Verständnis in der Welt als in der Kirche. Zu der Welt konnte ich frei über meine Gefühle reden – in der Gemeinde hatte ich Angst. Zum Glück hat sich hier inzwischen manches geändert.

Meine Depression (die ich damals noch nicht als solche erkannt hatte) verschlimmerte sich zusehends. Ich zog mich immer mehr in mich selbst zurück und begann, Familie und Beruf zu vernachlässigen. Es ist furchtbar, aber jahrelang hatten meine Kinder keinen Vater.

Ich war einfach nicht da, hatte mich in meine eigene schwarze Welt zurückgezogen. Ich las irgendwo, daß Depressionen erblich sein können, und begann mich zu fragen, ob ich nicht am Ende »schuld« an Ronnies Krankheit war – und ob ich womöglich so enden würde wie er. Nicht mehr dasein – das schien die einzige Hilfe gegen den Schmerz zu sein.

Der Schriftsteller William Styron hat seinen Kampf mit der Depression so beschrieben:

Ich hatte begonnen zu entdecken, daß auf irgendeine geheimnisvolle Weise, die weit von der Alltagserfahrung entfernt ist, der graue Schreckensnieselregen der Depression sich zu einem körperlichen Schmerz verdichtet. Aber nicht zu einem direkt identifizierbaren Schmerz, wie etwa bei einem gebrochenen Glied. Man könnte es vielleicht genauer so ausdrücken: Durch irgendeinen bösen Streich, den die Psyche dem kranken Gehirn spielt, nimmt die Verzweiflung die diabolische Gestalt des Eingesperrtseins in einem völlig überheizten Zimmer an. Kein Lufthauch lindert diesen Feuerkessel, kein Entkommen ist möglich aus dem erstickenden Gefängnis – was liegt da näher, als daß das Opfer bald nur noch davon träumt, vergessen zu können und nicht mehr dazusein?[7]

Vergessen. Was für ein süßer Gedanke. Dem unbarmherzigen Folterknecht entfliehen, irgendwohin. Obwohl ich nicht glaube, daß ich jemals ernsthaft an Selbstmord dachte; immerhin hatte ich nach Ronnies Tod das ganze Elend durchgemacht, das ein Selbstmord in eine Familie bringt. Die Trauer, die hilflose Wut – ich kannte sie zu gut.

Die Symptome entwickelten sich immer rascher. Schreckliche Symptome. Zum Beispiel Gedächtnislücken. Ich las ein Buch – und wußte hinterher nicht mehr, was darin stand, ja noch nicht einmal, daß ich es gelesen hatte. Man erinnerte mich an Telefongespräche, von denen ich nichts mehr wußte. In Houston entdeckte ich eines Morgens nach dem Aufwachen in meinem Motelzimmer einen zweiten Schlüssel und eine Ausgabe des *Wall Street Journal*, die beide am Abend noch nicht dagewesen waren. Die Rezeption klärte mich auf, daß ich um drei Uhr nachts in die Lobby gekommen war, um eine Zeitung zu holen, und daß ich meinen Schlüssel in meinem Zimmer vergessen hatte. Oder ich begann einen Satz und brach ihn wieder ab, weil die Worte nicht kommen wollten.

Mein Selbstvertrauen wurde brüchig, ich traute mir selber nicht mehr. Ohne Kaye lief bald fast nichts mehr. Sie erinnert sich noch gut, wie ich in dieser Zeit mit gesenktem Kopf und hängenden Schultern durch das Haus schlurfte, wie ein alter Greis. Immer häufiger bekam ich plötzliche Panikanfälle, bei denen mein ganzer Körper überdreht war, daß es mir in den Zähnen und Fingerspitzen kribbelte. Oder ich blieb auf einmal in der Mitte des Raumes stehen und starrte leer vor mich hin.

Es war Kaye, die als erste den Verdacht hatte, daß ich an Depressionen litt. Ich erinnere mich noch gut an jenen Morgen. Wir waren gerade in Little Rock, es war Sonntag und ich sollte einen Gottesdienst halten. Aber ich konnte nicht aus dem Bett, lag einfach da und weinte vor mich hin, wie schon so oft, wenn Kaye nicht dabeigewesen war. Aufstehen, duschen, rasieren, Zähne putzen, Haare kämmen, ein Hemd aussuchen, anziehen und zuknöpfen, eine Krawatte umbinden, Schuhe anziehen, zum Auto gehen – tausend unüberwindbare Hürden!

Als der Gottesdienst vorbei war, kam ein junger Mann zu mir und sagte: »Ich habe gehört, Sie haben Probleme mit dem Magen. Ich glaube, ich kann Ihnen helfen.« Er war Arzt und Spezialist für Magenkrankheiten. Ich suchte ihn gleich am nächsten Morgen auf, und er stellte mir hundert Fragen. Zum ersten Mal begann ich mich zu öffnen. Das war der Beginn meiner Heilung; die Magenprobleme waren schon bald unter Kontrolle.

Aber die eigentlichen Depressionen blieben, und ich sah schließlich ein, daß ich »mehr« Hilfe brauchte. Eines Tages rief ich von Tulsa aus Kaye an und sagte ihr: »Ich halte es nicht mehr aus, such mir einen Psychiater.« Was sie sofort tat. Eine gute Freundin empfahl ihr einen vorzüglichen christlichen Therapeuten. Und ich öffnete seine Praxistür und ging hinein.

Beim Schreiben dieses Buches habe ich in vielen Teichen gefischt, wie Sie, vielleicht etwas beunruhigt, sicher schon bemerkt haben. Ich hole mir Wahrheitskörner, wo ich sie finde. Nicht jeden Fisch, den ich fange, behalte ich; viele werfe ich wieder zurück. Aber den nächsten habe ich dankbar behalten. Ich fing ihn in dem Seelsorgebuch *The Care of the Soul* von Thomas Moore. In dem Kapitel »Gaben der Depression« schreibt Moore:

> Die Seele hat viele Farben, einschließlich Grau, Blau und Schwarz in allen Schattierungen. Wenn wir der Seele dienen wollen, müssen wir das ganze Spektrum ihrer Farben beachten und der Versuchung widerstehen, nur die »hellen« Farben – Weiß, Rot, Orange – durchgehen zu lassen. Es ist kein Zufall, daß in unserer schwarzweiß-feindlichen Kultur alte Schwarzweißfilme nachträglich koloriert werden. In einer Gesellschaft, die sich gegen das Tragische im Leben abriegelt, muß die Depression als unerträglicher Feind erscheinen. Doch gerade in solchen lichtsüchtigen Gesellschaften werden Depressionen ungewöhnlich stark ... Vielleicht müssen wir einen Sinn für die dunklen Stimmungen entwickeln, einen Respekt für ihren Platz in den Zyklen der Seele ... Die Melancholie gibt der Seele Gelegenheit, eine Seite ihres Wesens auszudrücken, die genauso gültig ist wie die anderen, aber die wir in unserer Abneigung gegen das Dunkle und Bittere verdrängen.[8]

Erinnern wir uns an den Blindgeborenen in Johannes 9. In Kapitel 10 sagte ich, daß ein kerngesunder Mensch Jesus an jenem Tag nicht viel genützt hätte, um das Wirken Gottes zu zeigen. Er brauchte einen Menschen mit einem unbeantworteten »Warum?« in seinem Leben.

Vor ein paar Jahren jätete ich das Unkraut im Rasen meines Vaters. Ich weiß nicht, wie es bei Ihnen ist, aber mir kommen die größten Erkenntnisse oft nicht im stillen

Gebetskämmerlein, sondern bei ganz normalen Alltagsbeschäftigungen. Ich jätete also und dachte dabei über meine letzten Pastorenjahre nach. Und auf einmal erkannte ich, daß auf sie ein ganz bestimmtes Wort zutraf. Es war nicht mein eigenes Wort, sondern kam von meinen Zuhörern: *Ermutigung*. Ich hatte das noch nie so gesehen, aber in der letzten Zeit hatten mich immer wieder pastorenlose Gemeinden angerufen und gebeten, doch zu kommen, sie bräuchten jemand, der sie ermutigte.

Ich hatte nie geplant, ein Prediger der Ermutigung zu werden; es ergab sich einfach so. Aber als ich da so vor mich hinjätete, da begriff ich auf einmal: *All diese aufbauenden Predigten hast du ja während der dunkelsten Tage deines Lebens entworfen und gepredigt!*

So ging es, er der erste, ich der zweite,
So lang, bis ich dann blickte in der Ferne
Des Himmels Schmuck durch eines Loches Weite:

Dort schritten wir hinaus, zu schaun die Sterne!

– Dante, *Göttliche Komödie*,
Ende der Höllenfahrt

KAPITEL 17

Wenn die Lichter ausgehen . . .

. . . ist man manchmal selber schuld.

Als unsere Kinder noch klein waren, hieß das Wort »Urlaub« für uns, daß wir für ein paar Tage in einem Motel abstiegen und dort im Schwimmbecken herumtobten und im Restaurant aßen. Wir fanden das supertoll. Sie sehen, wir waren damals noch bescheiden.

Eines Sommers besuchten wir auf ein paar Tage Kayes Eltern in Little Rock (Arkansas) und fuhren anschließend weiter nach Hot Springs. Hot Springs hat dem Touristen jede Menge zu bieten, aber wir verpaßten das meiste, weil wir einfach nicht aus dem Motelhallenbad herauskamen. Was soll der Mensch durch die Gegend fahren und dies und das und jenes besichtigen, wenn er auch Bauchplatscher üben kann?

Ich fuhr etwas vor den anderen zurück nach Hause, da ich in Dallas zu predigen hatte. Es war Mitternacht, als ich ankam, und die Augustnacht war drückend warm. Ich öffnete die Haustür und schaltete das Licht ein. Das Licht kam nicht, offenbar war die Birne im Flur kaputt. Und wie warm es in der Wohnung war. War vielleicht etwas mit der Klimaanlage?

Ich stolperte im Dunkeln herum und fand den nächsten Lichtschalter. Nichts. Drei Schalter weiter dämmerte es mir, daß wahrscheinlich der ganze Strom ausgefallen war. Kein Wunder, daß die Klimaanlage nicht funktionierte. Ich suchte und fand eine Kerze und eine Streichholzschachtel, worauf ich den amtlich aussehenden Zettel an der Haustür lesen konnte: *Da Sie Ihre Stromrechnung*

159

immer noch nicht bezahlt haben, sind wir leider gezwungen usw. Nicht, daß wir nicht das Geld gehabt hätten. Rechnungen waren damals mein Revier, und ich war, nun ja, nicht immer der Ordentlichste. (Inzwischen ist längst meine Frau unser Finanzminister.)

Als nächstes erinnerte ich mich an das Fleisch im Gefrierschrank. Ein paar Tage vor unserem Urlaub hatte ein Gemeindeglied, das seine Tiefkühltruhe aufräumte, uns mehrere Pfund Hirschfleisch als freundliche Gabe für den Pastor gebracht.

Mit fehlen die Worte, um den Geruch zu beschreiben, der mir entgegenschlug, als ich den Gefrierschrank öffnete. Pfundweise verdorbenes Fleisch, großzügig gekrönt von mehreren Litern geschmolzenem Schokoladeneis.

Seit dieser Nacht finde ich Kerzenlicht nicht mehr romantisch. Mehrere Stunden säuberte ich bei dem Schein der elenden Funzel den Gefrierschrank von seinem breiigen Inhalt: Hirschfleisch, Schokoladeneis, Gemüse, alles. Und das Schlimmste war: Ich war selber schuld.

Ich glaube, Sie sehen, worauf ich hinaus will. Manchmal gehen die Lichter aus, weil wir Gott zu lange die kalte Schulter gezeigt oder ihm schlicht nicht gehorcht haben. Sie wissen sicher, was man in solch einem Fall zu tun hat.

Aber für die Art Dunkelheit, die Jesaja 50, 10 beschreibt, gilt etwas anderes. Jesaja sagt: »Wer im Dunkel lebt und wem kein Licht leuchtet, der vertraue auf den Namen des Herrn und verlasse sich auf seinen Gott« (Einheitsübersetzung).

Weitergehen

Auf einer christlichen Konferenz fragte mich eine Frau: »Was soll man machen, wenn man nicht weiß, was man machen soll?«

Wir sprachen über Gottes Führung und wie man seinen Willen erkennt. Ich überlegte einen Augenblick und sagte dann: »Einfach weitermachen.«

Wenn wir nicht wissen, was wir machen sollen, dann sollten wir einfach weitermachen. So sagt auch Jesaja.

Wenn die Lichter ausgehen, ist ja unsere natürliche Reaktion die, daß wir stehenbleiben. Was manchmal auch völlig richtig ist. Als ich nach einer einwöchigen Konferenz nachts zurück nach Hause fuhr, gingen plötzlich beide Scheinwerfer aus. Ich brauchte Gott nicht lange zu fragen, was ich zu tun hatte. Ich blieb am Straßenrand stehen und wartete, bis der Morgen kam. Das war das einzig Richtige.

Aber nicht im geistlichen Leben. Jesaja sagt, daß der Mensch, der Gott fürchtet und seine Gebote befolgt, weitergeht, auch wenn es dunkel wird. Nach der Grammatik des hebräischen Urtextes ist dies eine Eigenschaft des Dieners, der seinem Herrn vertraut.

Einer der Männer in dem Motelzimmer, die ich in Kapitel 15 erwähnte, berichtete, daß er trotz der inneren Dunkelheit in seinem Leben weiter jeden Tag die Bibel las und betete.

Was sollen wir tun, wenn uns unsere Gebete in der Kehle steckenbleiben wollen, wenn Gott seine Ohren verstopft zu haben scheint? Weiterbeten. In einer der besonders schlimmen Phasen meiner Depression, als es so aussah, als ob ich nie mehr gesund würde, wurde Kaye, die immer treu für mich gebetet hatte, entmutigt. »Ich bete und bete, aber es scheint nichts zu bringen«, sagte sie.

»Hör nicht auf!« antwortete ich. »Ich komme da schon noch durch. Deine Gebete werden erhört werden.«

Und sie wurden erhört.

Auch C. S. Lewis wollten die Gebete im Hals steckenbleiben, als seine Frau mit dem Krebs kämpfte. »Was jedes

Gebet und jede Hoffnung erstickt, ist die Erinnerung an all die Gebete, die H. und ich zu Gott geschickt haben, und an all die falschen Hoffnungen, die wir hatten. Hoffnungen, wohlgemerkt, die nicht einfach Produkte unseres eigenen Wunschdenkens waren, sondern die uns vorgegaukelt, ja aufgedrängt wurden durch falsche Diagnosen, durch Röntgenbilder, durch unerklärliche Atempausen und durch eine vorübergehende Besserung, die schon fast an ein Wunder grenzte.«[1]

Machen Sie weiter. Beten Sie, lesen Sie die Bibel, erzählen Sie anderen Menschen von Christus, gehen Sie zur Kirche, singen Sie die Lieder mit. Wenn Sie nicht wissen, was Sie machen sollen, dann machen Sie weiter.

Nicht das eigene Licht

Hören wir weiter auf Jesaja. Nachdem er uns befohlen hat, im Dunkeln Gott weiter zu vertrauen, fährt er fort:

> Siehe, ihr alle, die ihr ein Feuer anzündet und Brandpfeile zurüstet, geht hin in die Glut eures Feuers und in die Brandpfeile, die ihr angezündet habt! Das widerfährt euch von meiner Hand; in Schmerzen sollt ihr liegen (Jesaja 50, 11).

Menschengemachte Lichter können trügerisch sein. Als ich Gemeindepfarrer war, hatte ich immer Angst vor Trauungen. So viel kann schiefgehen bei einer Trauung. Etwa eine Stunde vor einer Samstagstrauung zog ich meinen geliehenen Smoking an. Bei der Anprobe vor ein paar Tagen hatte er gepaßt, aber inzwischen hatte irgend jemand Pfusch gebaut: Die Hose saß zwar perfekt, aber in der Jacke war genügend Platz für den Bräutigam und mich. Ich tat das

Naheliegende und rannte verschreckt zu dem Laden, um die Jacke umzutauschen. Ich probierte die neue Jacke gleich im Laden an, und sie saß wie angegossen. Aber als ich in die Sonne hinausging, stellte ich fest, daß es verschiedene Sorten Schwarz gibt und daß ich zwei davon trug. Zum Glück fand die Trauung im künstlichen Licht der Kirche statt, so daß niemand den kleinen Schönheitsfehler bemerkte.

Mal ehrlich: Wie oft haben Sie schon Ihre Socken ans Fenster gehalten, um herauszufinden, ob sie nun schwarz oder blau waren? Künstliches Licht ist eine tückische Sache.

Abraham mußte das erfahren, als er während der Dunkelheit von Saras Unfruchtbarkeit sein eigenes Feuer mit Hagar anzündete. Mose erfuhr es, als er den Ägypter getötet hatte. (Hatte er etwa vor, Israel zu befreien, indem er alle paar Wochen einen Ägypter umbrachte?) Bei Kadesch-Barnea zündete ganz Israel sein eigenes Licht an, indem es Kundschafter ausschickte, um herauszufinden, ob es tun konnte, was Gott ihm längst befohlen hatte. Und dann natürlich Petrus, der im Garten Gethsemane sein Schwert zog.

Wir sind oft so versessen darauf, daß endlich etwas geschehen muß, daß wir kurzerhand ein bißchen nachhelfen. Ein berüchtigtes Sprichwort lautet: »Ein Wunder ist ein Wunder, selbst wenn es vom Teufel kommt.« Wir starren auf die Tat, der Täter ist uns egal.[2]

Ich denke da an eine Evangelisationswoche in einer Gemeinde in Oklahoma. Es war die toteste Gemeinde, die ich je erlebt hatte. Am letzten Abend drehte sich der Chorleiter nach ganzen zehn Minuten Singen (gewöhnlich waren es dreißig Minuten) zu mir um, sagte: »Sie sind dran« und setzte sich. Während des Singens war mir eine ältere Frau aufgefallen, die offenbar neu war und die bei

163

einem der Lieder ihre Hände erhoben hatte. Ich beugte mich zum Pastor hinüber und flüsterte: »Das ist sicher eine Besucherin?« Er nickte und sagte: »Ja.«

Nun, ich mühte mich durch meine Predigt und endete mit der üblichen Aufforderung, doch nach vorne zu kommen, um Christus anzunehmen oder der Gemeinde beizutreten usw.

Niemand kam nach vorne – bis auf die Besucherin mit den begeisterten Händen. Sie sprach kurz mit dem Pastor, worauf der ans Mikrofon trat und der Gemeinde verkündete, daß die Frau etwas sagen wollte. Leider hatte er sie nicht gefragt, *was* sie sagen wollte.

Sie trat also ans Mikrofon, verlas einen dunklen Vers aus dem Propheten Hesekiel, fügte ein paar harte Gerichtsworte hinzu und forderte die Leute auf, nach vorne zu kommen. Der Chor sang den nächsten Vers. Keiner kam. Die Frau las einen noch dunkleren Vers aus Jesaja und sagte wieder ein paar Worte, diesmal vor allem zu den Frauen, die sie heftig aufforderte, auf der Stelle zum Altar zu kommen, niederzuknien und zu beten. Die Gemeinde saß wie gelähmt da. Dann schlichen eine oder zwei Tapfere nach vorne und knieten vor dem Altar nieder.

Plötzlich stand der Chorleiter neben mir und flüsterte: »Glauben Sie, daß das hier von Gott ist?«

Ich sagte: »Keine Ahnung, aber irgend etwas ist es!«

Die Dunkelheit ist von Gott verordnet. Oswald Chambers sagt, daß Gott zuweilen seinen Segen an uns zurückzieht, damit wir lernen, ihm noch mehr zu vertrauen.[3] Zu Beginn des Johannesevangeliums heißt es: »Das Licht strahlt in der Finsternis, und die Finsternis hat es nicht auslöschen können« (Johannes 1, 5).

Wissen Sie, was Dunkelheit ist? Die Abwesenheit von Licht. Klingt trivial, nicht? Aber was passiert denn, wenn Sie nachts in einem gut beleuchteten Raum sitzen und die

Tür öffnen? Strömt dann die Dunkelheit herein? Nein. Die Dunkelheit kann das Licht nicht vertreiben. Sie kann nur dann in einen Raum hinein, wenn zuvor das Licht ausgegangen ist. Die Nacht zwingt nicht den Tag, aufzuhören. Der Tag hört auf, und dann folgt die Nacht.

Der Schöpfungsbericht erzählt uns, wie »aus Abend und Morgen« der erste Tag wurde. Wußten Sie schon, daß der Abend genauso zum Tag gehört wie der Morgen? Die Nacht ist ein Teil des 24-Stunden-Tages. Wir sagen nicht, daß die Nacht 24 Stunden hat; der Tag hat 24 Stunden.

Wo Dunkelheit ist, da hat Gott – aus Gründen, die nur er selber kennt – sein Licht weggenommen. Mit unseren künstlichen Lichtern wirken wir den Absichten Gottes entgegen.

Übrigens: *Es gibt Dinge, die kann man nur im Dunkeln sehen.* Wenn Sie, wie ich, in einer Großstadt wohnen, können Sie nachts kaum die Sterne sehen. Wenn wir unsere Farm auf dem Land besuchten, war eines der schönsten Dinge für mich der nächtliche Sternenhimmel. Irgendwo habe ich diese Worte von Annie Dillard gelesen: »Wir müssen nicht draußen im Dunkeln sitzen. Wenn wir jedoch die Sterne sehen wollen, werden wir feststellen, daß das nur im Dunkeln geht.«[4]

Stütze dich auf mich

Jesaja sagt, daß der, der im Dunkeln geht, sich »auf seinen Gott verlassen« soll. Die Elberfelder Bibel übersetzt: ». . . der stütze sich auf seinen Gott«, was dem Wort im hebräischen Urtext entspricht. In Psalm 23 wird die Wurzel dieses Wortes mit »Stab« übersetzt: »Dein Stecken und Stab trösten mich« (Luther). »Stütze mich« – das ist die Bedeutung des Wortes *trösten*. Es erinnert mich an einen der Sprüche Salomos: »Verlaß dich auf den Herrn von ganzem Herzen, und verlaß (stütze) dich nicht auf deinen Verstand« (Sprüche 3, 5).

Wenn Gott das Licht wegnimmt, will er uns damit zeigen, daß es etwas noch besseres als Licht gibt – glauben und vertrauen. Wie es in einem alten Lied heißt:

Wenn matt wird deines Lebens Licht,
halt fest an Jesus; Er läßt dich nicht.
Beug weiter dein Knie vor seinem Thron,
und Israels Kraft gibt dir Gottes Sohn.

VIERTER TEIL:

Wenn wir nicht vergessen können

Gott in der Enttäuschung

Wenn die Menschen etwas erwarten, bilden sie sich bald ein, ein Anrecht darauf zu haben. Und wenn sie es dann nicht bekommen, können wir ihre Enttäuschung auf einfachste Weise in ein bitteres Gekränktsein verwandeln.

Oberteufel Screwtape an Unterteufel Wormwood,
The Screwtape Letters, C. S. Lewis

Ein Flüstern,
das die Erinnerung als Schrei bewahrt.

Owen Barfield

Eines Tages werden wir einsehen, daß die Menschen sich voneinander ebensosehr in der Art ihrer Erinnerungen unterscheiden wie in ihrem Charakter.

André Malraux

KAPITEL 18

Gedächtnis: Diener oder Tyrann?

Eines Abends im Jahre 1984 schaltete ich, als ich mich für den Gottesdienst umzog, die Fernsehnachrichten ein. Der Reporter sprach gerade über ein neues Spiel, das das Land im Sturm eroberte. Es war fast ständig ausverkauft. Einen solchen Renner hatte es seit Monopoly nicht mehr gegeben – und das für satte 27 Dollar! Ich staunte. Ich versuchte immer, auf dem laufenden zu sein, aber dieses Spiel war mir durch die Lappen gegangen.

Ein echtes Phänomen, sagte der Reporter. Und dann interviewte er einen der drei Erfinder. Wie waren sie, bitte sehr, auf dieses Spiel gekommen? Und der Mann erzählte, wie die drei eines Abends Scrabble spielen wollten und das Brett nicht finden konnten. Worauf sie kurzerhand daran gingen, ein neues Spiel zu erfinden. 45 Minuten später war Trivial Pursuit geboren.

Der Reporter fragte seinen Gast: »Wie erklären Sie sich, daß Ihr Spiel solch ein Erfolg ist? Warum kaufen die Leute es wie verrückt?«

Die Antwort war ebenso philosophisch wie überraschend: »Oh, sie kaufen halt Erinnerungen. Das ist ja alles, was man mit seinem Geld kaufen kann: Erinnerungen.«

Mein erster Gedanke war: Erinnerungen kaufen? Ich möchte lieber welche verkaufen! Verschenken sogar! Bei manchen würde ich noch Geld dazugeben, um sie loszuwerden!

Geht es Ihnen nicht auch so?

Erinnerungen – man kann nicht ohne sie leben. Und manchmal nicht mit ihnen, worauf man Vergessen in Drogen, Alkohol oder dem Tod sucht. Unser Gedächtnis kann heute ein Diener und morgen ein Folterknecht sein. Wir haben Lieblingserinnerungen, und wir haben Schreckenserinnerungen, die wir hinter einer Mauer aus Geschäftigkeit zu verstecken versuchen. Aber irgendwann kommen sie wieder hoch, holen uns ein, schlagen uns nieder mit der Keule all des Elends der Vergangenheit.

In seinem Roman *Owen Meany* schreibt John Irving: »Das Gedächtnis ist etwas Schreckliches; *der Mensch* vergißt – es vergißt nie. Es sortiert die Dinge und legt sie ab. Es bewahrt sie für einen auf, oder es verdeckt sie vor einem – und ruft sie einem wieder in Erinnerung, ganz wie es ihm paßt. Man denkt, man besitzt ein Gedächtnis, doch das Gedächtnis besitzt den Menschen!«[1]

Das Gedächtnis ist die Videokamera des Gehirns. Es nimmt alles auf und vergißt nichts. Wir denken vielleicht, es habe endlich vergessen, aber dann kommt ein beiläufiges Wort, ein belangloses Begebnis, eine Melodie, ein Geruch, irgend etwas – und schon ist die Erinnerung wieder da und reißt ihren Stacheldraht durch unseren Magen.

Auf der Erinnerungsstraße

Mein Gehirn ist der Komplize meines Gedächtnisses. Immer wieder einmal führt es mich auf die Erinnerungsstraße. Und ich weiß, wo diese Straße endet: auf dem Friedhof der Enttäuschungen, wo mein Gedächtnis unerbittlich jeden toten Traum, jedes Herzeleid, jeden Verrat ausgräbt. Das Gedächtnis ist gnadenlos. Wenn also mein Gehirn mich wieder auf diese Straße führen will, gehe ich ganz bewußt auf eine andere: die Straße des Lobens und Dankens. Manchmal schaffe ich es, manchmal nicht.

Ich muß hier an den reichen Mann denken, wie er in der

Hölle liegt und jämmerlich nach einem Tropfen Wasser schreit. »Schicke doch Lazarus zu mir!« bittet er Abraham. Aber Abraham erwidert: »Erinnere dich! Du hast in deinem Leben alles gehabt, Lazarus hatte nichts. Jetzt geht es ihm gut, und du mußt leiden« (Lukas 16, 25 Hoffnung für alle). *Erinnere dich* ... Die Erinnerungen dieses Mannes müssen ihn mehr geschmerzt haben als alle Feuer der Hölle.

Das Gedächtnis ist launisch. Im Laufe der Jahre sind viele Menschen gut und nett zu mir gewesen; die meisten habe ich vergessen. Aber ich habe nicht einen vergessen, der mich schlimm behandelt hat. Im Laufe der Jahre haben die Leute viele schöne Dinge über meine Predigten gesagt; an die meisten kann ich mich nicht mehr erinnern. Aber ich habe keine einzige Kritik vergessen! Wenn Sie einen Platz in meinem Gedächtnis wollen, dann sagen Sie mir, daß Ihnen dieses Buch stinkt. Ich werde Ihnen nie vergeben, äh, Sie nie vergessen!

Erinnerungen heilen

Man spricht heute viel über das Heilen von Erinnerungen. In den 70er Jahren hat Ruth Carter Stapleton, die Schwester des früheren amerikanischen Präsidenten Jimmy Carter, diesen Gedanken in zwei vielgelesenen Büchern populär gemacht. Das Heilen von Erinnerungen »beginnt mit der Annahme, daß viele gegenwärtige Probleme aus traumatischen ›dunklen und schmerzlichen Erinnerungen‹ entspringen, die in ›den Tiefenschichten der Seele, wo jede Begebenheit unseres Lebens sorgfältig gespeichert ist‹, verborgen liegen«.[2] Damals wie heute ist diese Art von Seelsorge unter führenden Christen und Seelsorgern heftig umstritten.

Aber ich glaube, es kann keinen Zweifel geben, daß in der Tat viele unserer gegenwärtigen Lebensprobleme auf tiefe, herzzerreißende Enttäuschungen in unserer Vergangenheit zurückgehen, auf unvergessene und unbewältigte innere Wunden. Auf unserer Gegenwart lasten die Schatten der Vergangenheit.

Da sind Gebete nicht erhört worden, und wir fragen uns, ob wir überhaupt noch beten sollen. Ein Pastor, dem wir vertrauten, hat uns enttäuscht, und jetzt trauen wir keinem Pastor mehr. Oder unsere Kinder enttäuschen uns, und wir wünschen, wir hätten sie nie gezeugt. Und wenn Gott selber uns enttäuscht – das ist die größte Katastrophe von allen. Unverarbeitete Enttäuschung führt zu Bitterkeit, und Bitterkeit zu Zynismus.

O ja, ich kenne den Standardrat: Denke nicht mehr dran, das Leben muß weitergehen. Er ist billig, dieser Rat, man hört ihn alle fünf Minuten.

»Vergeben und vergessen«, wie es so schön heißt. In der Bibel steht das zwar nirgends, aber das scheint diese Ratgeber nicht zu stören. Soviel ich weiß, ist das einzige Wesen, das tatsächlich nach Belieben vergessen kann, Gott selber. Versuchen Sie einmal, etwas zu vergessen – es gibt keine bessere Gedächtnisstütze ...

Nein, manche Ihrer alten Wunden, verlorenen Hoffnungen, toten Träume und nagenden Enttäuschungen werden Sie nie ganz vergessen können, wieviel Sie sich auch abmühen.

Quälen Sie sich nicht länger mit dem vergeblichen Vergessenwollen. *Erinnern* Sie sich lieber – an etwas anderes. Wer nicht vergessen kann, der sollte sich erinnern.

Das war Gottes Rat an David, nachzulesen in 1. Chronik 17.

Gott hatte dem Kriegerkönig David den Sieg über seine Feinde geschenkt. Weitere Kämpfe würden natürlich noch kommen, aber im Augenblick konnte David das tun, was er am meisten liebte: in seinem Haus sitzen und über das Gesetz Gottes nachsinnen. Und was für ein Haus – ein Palast aus Zedernholz! Aber irgend etwas daran schien David nicht zu stimmen.

Eines Abends, als er mit dem Propheten Natan zusammensitzt, spricht David es aus, was ihm auf dem Herzen liegt. Er läßt seinen Blick über all die Herrlichkeit seines Palastes schweifen und sagt: »Es ist nicht recht, daß ich hier in solchem Luxus wohne, und die Bundeslade steht in einem Zelt.«

Natan sieht sofort, worauf er hinaus will. Ein Tempel für Gott! Endlich eine würdige, dauerhafte Wohnung für die Bundeslade! Und Natan sagt: »Ja, tu, was in deinem Herzen ist. Gott ist mit dir.«

Aber als der Prophet anschließend in seinem Bett liegt, entdeckt er, daß er zu schnell gesprochen hat. Gott hat eine Botschaft für ihn: »Geh zu meinem Diener David und richte ihm aus: Der Herr läßt dir sagen: ›Nicht du sollst mir das Haus bauen, in dem ich wohnen kann!‹« (1. Chronik 17, 4).

Einen herrlichen Augenblick lang hält David seinen größten Traum in den Händen – und im nächsten muß er ihn loslassen. Wie wurde David fertig mit dem Tod seines Traumes, mit dieser gewaltigen Enttäuschung? Wie werden wir damit fertig?

Werfen wir einen raschen Blick auf das Ende dieser Szene. Was tut David?

Es würde uns nicht überraschen, wenn David bittere Tränen vergossen und mit seinem Schicksal und Gott gehadert hätte. Wir könnten ihm nicht böse sein deswegen. Was nur zeigt, wie wenig wir diesen Mann nach Gottes Herzen kennen.

Denn David rennt nicht in sein Zimmer, knallt die Tür

173

zu und überläßt sich seinem wütenden Selbstmitleid, sondern er kniet vor Gott nieder und sagt: »Herr, mein Gott, ich bin es nicht wert, daß du mich und meine Familie so weit gebracht hast. Und jetzt willst du noch mehr tun: Du hast Zusagen gemacht, die noch meinen fernsten Nachkommen gelten. Du erweist mir größere Ehre, als ich verdiene, Herr, mein Gott! Was könnte ich mir noch wünschen, nachdem du mich, deinen Diener, so hoch geehrt hast?« (Vers 16-18).

Und er preist Gott: »Herr, keiner ist dir gleich! ... Es gibt keinen anderen außer dir! Und welches Volk auf der Erde gleicht deinem Volk Israel? Wo hat sonst ein Gott ein Volk aus der Sklaverei befreit und zu seinem Eigentum gemacht?« (Vers 20-21).

Und dann wird David aktiv. Er trifft alle nötigen Vorbereitungen, damit sein noch junger und unerfahrener Sohn Salomo den Tempel bauen kann. Er sorgt für das Baumaterial, er sorgt für die Finanzierung. Er kann Salomo schließlich berichten, daß er 3.500 Tonnen Gold und 35.000 Tonnen Silber, riesige Mengen Eisen, Bronze, Holz und Steine und eine große Zahl geschulter Bauarbeiter und Kunsthandwerker zusammengebracht hat. Salomo braucht nur noch anzufangen (vgl. 1. Chronik 22, 14-16).

David ist gut mit seiner Enttäuschung fertig geworden, meinen Sie nicht auch? Was war sein Erfolgsgeheimnis?

Gott befahl ihm, sich an all das zu *erinnern,* was er (Gott) für ihn getan hatte.

Wenn wir nicht vergessen können, sollten wir uns daran erinnern:

KAPITEL 19

Nicht jede gute Idee ist Gottes Idee

Manchmal wünsche ich mir, nicht mein Buch über das Beten geschrieben zu haben (*Don't Just Stand There, Pray Something*). Wenn man ein solches Buch schreibt, denken die Leute glatt, daß man weiß, worüber man sich da ausläßt. Aber Beten ist ein Geheimnis. Wir reden viel darüber, aber wir verstehen es wenig. So ist es jedenfalls bei mir.

Aber ich bekomme viele dankbare Briefe von Menschen, die über Gebetserhörungen berichten. Doch auch andere, bittere Briefe: Gott hat mich nicht erhört; können Sie mir sagen, was ich falsch gemacht habe?

Gelegentlich will ein Schreiber auch keinen Rat von mir, sondern teilt mir einfach mit, daß es nicht geklappt hat mit dem Beten. Ein Leser zählte zwölf nicht erhörte Gebete auf. Hinter jedem Beispiel schrieb er: »Soviel zum Thema Fürbitte.« Das Lesen meines Buches hatte diese bitteren Enttäuschungen wieder in sein Gedächtnis zurückgerufen.

Dieser Leser ist nicht allein. Ich habe in meinem Buch beschrieben, wie Gott zwei meiner größten Gebete nicht erhörte: das um Heilung für meine Mutter und das um Heilung für meinen Sohn. Nie werde ich diese Enttäuschungen vergessen.

Es ist nicht leicht, objektiv zu sein, wenn man Gottes Willen in solch einer Sache sucht. Er kann doch wohl nicht wollen, daß meine Lieben sterben . . . Aber unsere Gedanken sind nicht immer Gottes Gedanken. Doch Gottes Gedanken sind, wie ich noch zeigen werde, immer die besten.

Ein gläubiges Ehepaar erbte eine große Geldsumme. Die beiden wollten das Geld für Gottes Reich verwenden. Zwei Glieder aus ihrer Gemeinde hatten da eine Idee. Ein neues christliches Werk wollten sie gründen, sie brauchten nur noch etwas Startkapital. Sie bekamen das Geld. Und dann verschwanden sie. Niemand weiß, wo sie heute sind, am wenigsten das Ehepaar, das mit seinem Geld Gott dienen wollte. Total verbittert zogen sie sich zurück und schworen sich, nie mehr eine Kirche zu betreten.

Es schien eine so gute Idee zu sein. Sie hatten sogar darüber gebetet. Und die nächsten 17 Jahre haderten sie mit Gott. Bis sie endlich einsahen, daß eine gute Idee nicht immer Gottes Idee sein muß.

Ein kitzliges Thema

Viele Christen kriegen eine Gänsehaut, wenn sie den – theologisch nicht sehr sauberen – Satz hören »den Willen Gottes erkennen«.[1] Woher kommt dies? Laut J. I. Packer daher, daß sie Gottes Führung suchen, aber nicht wissen, wie man sie bekommt, und Angst vor den Folgen haben, falls sie sie nicht bekommen.[2] Hilflos stehen sie vor dem unbezwingbaren Berg: Den Willen Gottes für mein Leben erkennen – unmöglich!

Und mehr noch: »Unsere Bedürfnisse und Wünsche verstehen es meisterhaft, unsere Gedanken und Einstellungen zu manipulieren.«[3] Nicht selten suchen wir, wo wir nach Gottes Willen fragen, in Wirklichkeit nur sein allerhöchstes »Genehmigt!« zu dem, was wir sowieso schon vorhaben.

Wenn Sie sich jetzt angesprochen fühlen – Sie sind in bester Gesellschaft.

David hatte eine gute Idee. Eine großartige sogar, und

der Prophet Natan dachte das auch. Einen Tempel für Gott bauen – das war keine Schnapsidee. Hören wir zu, welch heiliger Eifer in Davids Herz brannte:

> Herr, denk an David, an alle Mühe, die er auf sich nahm! Denk an das feierliche Versprechen, das er dir, dem starken Gott Jakobs, gab: »Ich werde mein Haus nicht mehr betreten, ich lege mich nicht mehr auf mein Bett, ich gestatte meinen Augen keinen Schlaf und gönne mir keine Ruhe mehr, bis ich einen Platz gefunden habe, wo der Herr, der starke Gott Jakobs, wohnen kann!« (Psalm 132, 1-5).

Keine Frage: Der Tempelbau hatte vieles für sich. Die Bundeslade war bislang in einem Zelt untergebracht. Und Davids Motive waren lauter, er wollte Gott seine ganze Dankbarkeit zeigen. Er wollte sein Königtum mit einem Tempel krönen, der für immer in Jerusalem stehen sollte, ein mächtiges Zeugnis und Denkmal zur Ehre Gottes.

Tatsache ist, daß wir nicht immer im einzelnen wissen können, was Gott gerade mit uns vorhat. Wir erkennen seinen Willen oft nur stückchenweise, Schritt für Schritt. Jeder von uns bastelt sich sein eigenes System zum Erkennen von Gottes Willen, aber Gott ist größer als unsere Systeme und unsere Theologien. Wir müssen lernen, das zu akzeptieren.

Krieger und Bauleute

Wissen Sie, warum Gott David nicht erlaubte, selber den Tempel zu bauen? Wir erfahren es in 1. Chronik 22, 8: »Du hast ständig Kriege geführt und viel Blut vergossen. Darum sollst du mir keinen Tempel bauen.«

David hatte blutige Hände, und blutige Hände konnten das heilige Haus Gottes nicht bauen. Dies war kein Verdammungsurteil über David. David hatte das Blut als König und Krieger Gottes vergossen. Das war seine Aufgabe im Reich Gottes. David war ein Krieger und kein Baumeister.

In Vers 9-10 heißt es: »Aber du hast einen Sohn, Salomo; er wird, wie sein Name sagt, ein Mann des Friedens sein. Ich selbst werde dafür sorgen, daß Israel unter seiner Regierung in Ruhe und Frieden leben kann, von keinem Feind bedroht. Salomo soll den Tempel für mich bauen.«

David der Krieger, Salomo der Baumeister – Gott selber weist uns unseren Platz an. Die einen macht er zu Kämpfern, die anderen beruft er zum Bauen.

Verstehen wir recht: Davids Plan erfüllte sich nicht, aber dafür Gottes Plan. Der Tempel wurde gebaut.

Meine glücklichsten Tage als Gemeindepastor verbrachte ich in meiner letzten Gemeinde. Die Gemeinschaft war großartig, und die Kirche wuchs und wuchs. Was man natürlich zum guten Teil dem tollen Pastor zuschrieb ... Aber es lag nicht am Pastor. Eher schon daran, daß die Kirche in einem Gebiet lag, in das die Menschen nur so strömten. Wir hätten die Türen verrammeln müssen, um nicht zu wachsen. Aber auch das war nicht das eigentliche Geheimnis.

Was die Leute nicht wußten, war, daß diese Kirche früher eine Problemgemeinde gewesen war, die unter der Diktatur einer kleinen »heiligen Clique« stand, die schon zwei Pastoren verschlissen hatte. Aber dann kam mein Vorgänger, den ich sehr gut kannte und der ein geborener Kämpfer war. Er rief die Clique zusammen und eröffnete ihr: »Diese Gemeinde hat nicht genug Platz für uns alle, und *ich* gehe nicht.«

Und er ging nicht. Er packte den Stier bei den Hörnern

und kämpfte ihn müde. Die heilige Clique warf schließlich das Handtuch, und der Grundstein für eine großartige Gemeinde war gelegt. Dieser Pastor hat die Erfüllung seiner Vision nicht mehr erlebt. Aber ich durfte sie erleben.

Worauf ich hinaus will: Ich bin kein Kämpfer. Konfrontationen sind nicht meine Stärke. Was dieser Pastor tat, hätte ich nicht geschafft. Er kämpfte. Ich baute. Leider bekommt hinterher meist der Baumeister das große Lob. Aber verdient hat er es nicht.

Sie haben vielleicht eine tolle Idee, aber sie ist nicht Gottes Idee.

Sie haben vielleicht eine tolle Idee, aber sie steht jetzt noch nicht auf Gottes Fahrplan.

Sie haben vieleicht eine tolle Idee, und Gott hat sie auch – aber *nicht für Sie.*

Nur ein Stück Land

Von 1903 bis 1989 stand in der Innenstadt von Memphis (Tennessee) eine große, altehrwürdige Kirche, die Bellevue Baptist Church. Die brillanten Bibelpredigten ihres Pastors Dr. Robert G. Lee, der ihr von 1927 bis 1960 diente, machten ihre Kanzel zu einer der angesehensten im ganzen Land.

Aber die Kirche war von anderen Gebäuden eingekesselt; es gab keinen Raum zum weiteren Wachsen. Die Nachbargrundstücke waren zu teuer, und so beschloß man unter dem gegenwärtigen Pastor, Dr. Adrian Rogers, die Kirche zu verlegen. Eine ganze Kirche verlegen – wer das nicht selber mitgemacht hat, kann sich überhaupt nicht vorstellen, was für ein kompliziertes und kitzliges Geschäft das ist.

Man fand schließlich ein passendes Stück Land fast 30 Kilometer von der Stadtmitte entfernt, in Cordova. Von fünf verschiedenen Besitzern konnte die Kirche insgesamt 160 Hektar Grund erwerben, der jedoch so gut wie unerschlossen war; ein Feldweg war alles, was da war. Fast 2 Millionen Dollar mußten allein für die Zufahrtstraßen ausgegeben werden.

Im Jahre 1989 war es soweit: Die Bellevue Baptist Church konnte in eines der größten und schönsten Kirchenzentren im Land umziehen. 7.000 Sitzplätze bietet der Gottesdienstsaal den Gläubigen, die zu den beiden Sonntagmorgengottesdiensten kommen. Es gibt 12 Hektar Parkplätze, 13 Kilometer Bordsteine, 1285 Türen, 50 Toilettenräume, 87 öffentliche Fernsprecher. Die Gemeinde hat 200 fest angestellte Mitarbeiter und über 22.000 Mitglieder. Die Gebäude kosteten 34 Millionen Dollar, ihr Jahresbudget beträgt 8 Millionen.

Aber die wichtigsten Superlative dieser Kirche sind nicht die materiellen, sondern die geistlichen. Dies ist eine der lebendigsten Gemeinden, die ich je gesehen habe – lebendig nicht durch ihre äußere Größe, sondern durch Gottes Segen.

Aber die Geschichte ist noch nicht zu Ende. Einer der fünf Männer, die der Kirche ihre Grundstücke verkauften, erzählte den Käufern: »Wissen Sie, von wem ich das Grundstück gekauft habe? Von einem alten Baptistenprediger, der gerne dort spazieren ging und immer betete, daß Gott eines Tages dort eine baptistische Kirche bauen möge.«

Der alte Prediger hatte eine großartige Vision gehabt. Er hat ihre Erfüllung nicht mehr erlebt. Aber Gott erfüllte sie. Der Tempel wurde gebaut.

KAPITEL 20

Gott sieht das Herz an

Daß dir am Herzen lag, meinem Namen ein Haus zu bauen, daran hast du gut getan (2. Chronik 6, 8 Elberfelder).

Gott ist der einzige Herr, den ich kenne, der seinen Dienern für die guten Absichten ihres Herzens genausoviel Lohn gibt wie für das fertige Werk ihrer Hände.

Als unser Sohn krank geworden war und wir noch nicht wußten, daß er manisch-depressiv war, fand ich eines Abends Kaye weinend am Küchentisch sitzen.

Ich legte meinen Arm und sie und fragte? »Was ist, Schatz?«

»Ich komme mir wie eine Rabenmutter vor«, schluchzte sie.

Sie war nicht die erste und nicht die letzte Mutter, die so etwas sagte. Ich versuchte, sie aufzumuntern. »Schatz, du bist die beste Mutter, die ich kenne! Du liebst deine Kinder, du nimmst dir Zeit für sie. Du bist doch keine Rabenmutter!«

Und dann kam mir ein verrückter Gedanke: Mensch, vielleicht haben wir statt dessen Rabenkinder! Die Eltern sind gut, aber die Kinder nicht!

Nur ein Witz, natürlich. Aber haben Sie nicht manchmal auch den Eindruck, daß es heute eine Art Verschwörung gibt, den Eltern ein schlechtes Gewissen zu machen? Da hatte ich gelernt, daß man sich unbedingt Zeit für seine Kinder nehmen muß – und das tat ich auch. Und dann kam auf einmal jemand und sagte: »Nein, nicht einfach

181

Zeit, sondern *Qualitätszeit*!« Was, um alles in der Welt, ist Qualitätszeit?

Jede anständige Buchhandlung hat heute eine große Abteilung »Familie und Erziehung«. Noch nie zuvor gab es so viel Material – Bücher, Kassetten, Filme, Seminare – über Kindererziehung. Doch der Erfolg all dieser Bemühungen scheint, selbst in christlichen Familien, mehr als bescheiden zu sein. Viele der christlichen Eltern, mit denen ich spreche, haben panische Angst davor, nicht die erforderliche »Leistung« zu erbringen. Man hat ihnen eingetrichtert, daß gute Eltern gute Kinder erziehen und schlechte Eltern schlechte. Klingt doch logisch . . .

Aber so einfach ist es nicht

Während ich dieses Kapitel schrieb, aßen Kaye und ich mit ein paar Freunden zu Mittag in einem Restaurant, das in der Nähe der Kirche lag, die ich neun Jahre lang betreut hatte. Als wir das Lokal wieder verließen, fiel mein Blick auf einen großen Ecktisch, und ich erinnerte mich: An diesem Tisch hatte ich oft in der Mittagspause mit den Mitarbeitern unserer Gemeinde gesessen, wenn wir unsere Mitarbeiterbesprechungstage hatten. Ich war damals ein junger, dicker Schnösel, und in einer dieser Mittagspausen sprach ich mit meinen Leuten über den Teenagersohn eines unserer Ehepaare. Es war Ende der sechziger Jahre, zur Zeit der großen Jugendrevolte, komplett mit langen Mähnen und Drogen.

Ich sah mich wieder da sitzen, wie ich den Kopf schüttelte und (vergebe mir es Gott) sagte: »Wenn der sich so benimmt, kann doch bei ihm zu Hause was nicht stimmen.« Die Eltern waren gute Gemeindeglieder, aber zu Hause waren sie offenbar nicht so gut. Dachte ich damals.

Wir traten auf die Straße, und ich sah die Kreuzung, an der nur ein paar Jahre später sonntagmorgens mein eigener Sohn, ebenfalls rebellisch und langhaarig, gestanden und während einer seiner manisch-depressiven Phasen Rosen verkauft hatte; viele meiner Gemeindeglieder hatten ihn dort gesehen, wenn sie zu meinen Gottesdiensten fuhren.

Vor kurzem erzählte Kaye mir ein Gespräch, das sie mit unserer 28jährigen Tochter gehabt hatte. Kim sagte ihr: »Mama, du und Dad, ihr wart eigentlich prima Eltern. Wir haben nur manchmal was Dummes gemacht.« Nun, Dummheiten machen nicht nur die Kinder; die Eltern sind auch noch da.

Aber das Problem mit uns Eltern ist natürlich: Wenn wir endlich genügend Erfahrung haben, ist unser Job weg.

Tatsache ist, in den Worten John Whites: »Es ist nicht allein unser Verdienst, wenn unsere Kinder gut geraten, und nicht allein unsere Schuld, wenn sie es nicht tun. Erbmasse, die Umgebung zu Hause, in der Schule und in der Gesellschaft sowie die Fähigkeit des Kindes, bestimmte Entscheidungen zu treffen – all dies beeinflußt das Endergebnis.«[1]

Aber wie immer das Ergebnis sein wird, ich möchte sagen können: »Lieber Gott, ich habe viele Fehler gemacht, aber du weißt, daß ich in meinem Herzen die Absicht hatte, der beste Vater zu sein, der ich sein konnte.«

Die alte Leistungsfalle

Nach einem Gottesdienst sprach mich eine ziemlich aufgelöste junge Frau an. »Ich muß mit Ihnen über meine Stille Zeit reden.« Bevor ich etwas sagen konnte, fuhr sie schon fort.

»Ich weiß, daß man morgens, bevor man den Tag beginnt, eine Stunde oder so beten und die Bibel lesen sollte. Aber ich muß schon um halb sechs aufstehen und mich dann fertigmachen, meinem Mann das Frühstück und den Kindern Frühstück und Schulbrot richten. Ich habe versucht, schon um halb fünf aufzustehen, das muß ich doch als Christ, aber ich schaffe es einfach nicht. Was soll ich bloß machen?«

»Sich nicht verrückt machen«, sagte ich.

Meine unfromme Antwort verschlug ihr den Atem, so daß ich weiterreden konnte. »Zunächst einmal heißt es nirgendwo in der Bibel, daß man eine Stunde oder auch nur eine Minute Bibel lesen und beten muß, bevor man morgens das Haus verläßt. Es heißt wohl öfters, daß man morgens zeitig aufstehen sollte, und viele christliche Autoren haben daraus die ›Stille Zeit‹ gemacht, aber die Bibel verlangt nirgends von uns, daß wir so etwas zu einer ganz bestimmten Tageszeit oder mindestens eine Stunde lang machen.

Suchen Sie sich eine Zeit aus, die in Ihren Stundenplan paßt, und wo Sie wirklich Zeit und Muße haben. Ich mache es immer um Mitternacht. Der Mensch braucht sich nicht zu kasteien, um geistlich zu sein.«

»Wenn du es willst, dann kannst du es auch!« Klingt toll, ist gut gemeint und hat schon viele Opfer gefordert. Ebenso der Spruch: »Sage nie: Das kann ich nicht, sondern nur: Das will ich nicht.«

Wir können eben nicht alles, was wir wollen. Wir sollten uns anstrengen im Leben, gewiß, aber es gibt nun einmal Grenzen – Grenzen, die die Natur uns setzt, die Gott uns setzt, die die real existierende Welt uns setzt.

Ein Autor sagt, daß wir, um gesund und heil zu werden, manchmal unseren großen Traum aufgeben müssen.

Der Traum – das ist die Vision, die wir hatten, als wir jung waren. Die Vision – vielleicht durch unsere Eltern oder Lehrer gepflanzt, vielleicht aus unserer eigenen Phantasie hochrankend –, daß wir einmal etwas ganz Besonderes würden. *Mein* Name wird berühmt werden, *meine* Arbeit anerkannt werden, *meine* Ehe perfekt und *meine* Kinder vorbildlich – so träumten wir einst. Und wenn es dann anders kommt, fühlen wir uns als Versager. Wir können erst dann glücklich werden, wenn wir aufhören, unser wirkliches Leben ständig mit jenem Traum zu vergleichen.[2]

Das heißt natürlich nicht, daß wir keine Pläne und Ziele haben sollen. Wie wir schon sahen, ging David mit großer Energie daran, die Mittel für den Tempelbau zusammenzubekommen – und er erreichte viel. Das Ziel unseres Herzens wird die Arbeit unserer Hände lenken.

Erinnern Sie sich an den alten Baptistenprediger vom Ende des vorigen Kapitels, der über sein Grundstück wanderte und Gott bat, dort einmal eine Kirche zu bauen? Ich glaube, Gott wird ihn so belohnen, als habe er die Kirche selber gebaut.

Sie werden vielleicht nie der gute Vater, die gute Mutter sein, die Sie eigentlich sein wollten, aber wenn Ihnen dieser Wunsch am Herzen liegt, dann tun Sie einfach Ihr Bestes und überlassen Sie den Rest Gott.

Sie werden vielleicht nie Großes für Gott vollbringen, so wie die Welt das Wort »groß« versteht, aber haben Sie den Wunsch in Ihrem Herzen?

Sie werden vielleicht nie der Prediger werden, der Sie sein wollen, aber haben Sie den Herzenswunsch?

Sie werden vielleicht nie erleben, wie Ihre Gemeinde wächst und aufblüht, aber liegt es Ihnen am Herzen?

Sie werden vielleicht nie Ihren Freund für Christus gewinnen, aber ist es Ihr Herzenswunsch, daß er ihn findet?

Sie werden vielleicht nie erleben, daß Ihre Kinder Gott so dienen, wie Sie das hoffen, aber liegt es Ihnen am Herzen?

Wie sagte Gott noch zu David? *Du hast gut daran getan, daß dir dies am Herzen lag.*

KAPITEL 21

Wenn Gott nein sagt, hat er etwas Besseres mit uns vor

David hatte eine großartige Idee.
Gott hatte eine bessere.
David wollte Gott ein Haus bauen.
Gott wollte David ein Haus bauen.
Als Natan zu David ging, um ihm Gottes Botschaft zu überbringen, sagte er: »König, ich habe eine schlechte und eine gute Nachricht für dich. Die schlechte ist, daß du Gott nicht ein Haus bauen kannst. Die gute ist, daß der Herr dir ein Haus bauen will« (vgl. 1. Chronik 17, 10).
Als David das hörte, ging er in das Zelt mit der Bundeslade, kniete nieder und sagte:

> Wer bin ich, mein Herr und Gott, und was ist mein Haus, daß du mich bis hierher geführt hast? Weil das in deinen Augen noch zu wenig war, o Gott, hast du dem Haus deines Knechtes Zusagen für eine ferne Zukunft gemacht und mich angeschaut ...
> Möge doch jetzt auch das Wort, Herr, das du über deinen Knecht und über sein Haus gesprochen hast, sich für immer als wahr erweisen. Tu, was du gesagt hast. Dann wird dein Name sich als wahr erweisen und groß sein für ewige Zeiten, ... und das Haus deines Knechtes David wird vor deinen Augen Bestand haben. Denn du, mein Gott, hast deinem Knecht offenbart: Ich will dir ein Haus bauen. Darum fand dein Knecht den Mut, zu dir zu beten. Ja, Herr, du bist der einzige Gott; du hast deinem

187

Knecht ein solches Glück zugesagt. Du hast jetzt gnädig das Haus deines Knechtes gesegnet, damit es ewig vor deinen Augen Bestand hat. Denn du, Herr, hast es gesegnet, und es bleibt für immer gesegnet (1. Chronik 17, 16-17 und 23-27 Einheitsübersetzung).

»Für immer«, »für ewige Zeiten« – wenn Gott seinem Knecht ein Haus baut, besteht dieses für immer. Wenn wir dagegen etwas für Gott bauen – nun, dann hält es nicht ganz so lange.

David dachte, daß der höchste Ehrenerweis, den er Gott bieten konnte, ein Tempel war, der für immer bestehen würde. Der Tempel wurde schließlich von seinem Sohn Salomo erbaut und stand bis 589 v. Chr., als die Babylonier ihn zerstörten. Der zweite Tempel, der Tempel Serubbabels, wurde 515 v. Chr. fertiggestellt. Um 20 v. Chr. begann Herodes der Große mit dem Bau des letzten Tempels. Er wurde schon 70 n. Chr., kurz nach seiner Fertigstellung, von den Römern zerstört. Seit vielen Jahrhunderten steht an seiner Stelle der islamische »Felsendom«. Soviel zu den »ewigen« Tempeln, die der Mensch Gott errichtet.

Aber David hat uns etwas anderes hinterlassen, das heute noch besteht. Wir nennen es die Psalmen, und kein einziger Strich oder Punkt ist verlorengegangen. Und dann natürlich den Samen Davids (Jesus). Und das Haus David.

Vergiß nicht, was er dir Gutes getan

Als Gott Natan zurück zu David schickte, mit der Nachricht, daß er nicht den Tempel bauen durfte, gab er ihm gleich noch eine Botschaft mit. Es ist gerade so, als ob Gott sagte: »Ich kenne David. Wenn er meine Botschaft hört, wird er sich voll Selbstmitleid in seinen Schmollwinkel zurückziehen. Bevor er das machen kann, sag ihm dieses:

> So spricht der Herr der Heere: Ich habe dich von der Weide und von der Herde weggeholt, damit du Fürst meines Volkes Israel wirst, und bin überall mit dir gewesen, wohin du auch gegangen bist. Ich habe alle deine Feinde vor deinen Augen vernichtet, und ich will dir einen Namen machen, der dem Namen der Großen auf der Erde gleich ist« (1. Chronik 17, 7-8 Einheitsübersetzung).

Sehen Sie, was Gott hier macht? Er erinnert David daran, wo er ihn gefunden und berufen hat: auf der Schafweide. Und was er aus ihm gemacht hat: den König Israels. David, bevor du über das eine jammerst, das du nicht kriegen kannst, erinnere dich doch an all das, was du hast. Bevor du über das klagst, was ich dir nicht gebe, denke doch an das, was ich dir alles geschenkt habe.

Die Geschichte vom Ballon

Six Flags Over Texas – ein anderes Thema hatten unsere Kinder nicht mehr. Ein neuer riesiger Freizeitpark, so toll wie Disneyland. Und ganze 15 Kilometer von unserem Haus! Jeder ging dort hin. Papa, wann fahren wir da hin? Papa, bitte!

Ich hatte keine Lust. Und kein Geld. Aber was sollte ich machen? Hatte ein guter Vater nicht Zeit für seine Kinder, und zwar, wie gesagt, *Qualitäts*zeit? Also auf nach Six Flags.

Wir fuhren an einem Augustsamstag hin, als schätzungsweise drei Viertel der Menschheit dort waren. Der Park öffnete um zehn Uhr, aber wir waren natürlich eher da, denn es galt, das Auto auf dem gigantischen Parkplatz abzustellen und mit einer Art Straßenbahn zum Haupteingang zu fahren. »In welcher Reihe steht unser Auto, Schatz?« Reihe? War das wichtig?

Wir zahlten unseren Obulus – ein kleines Vermögen für einen jungen Pastor einer jungen Baptistengemeinde – und gingen hinein. Hallo, Six Flags, hier sind wir!

Es war warm, es war schwül, und überall waren Menschen. Schwitzende Menschen, schreiende Menschen, quengelnde Menschlein. Für eine Dreißig-Sekunden-Achterbahnfahrt mußte man dreißig Minuten anstehen. Ich versuchte, die kürzesten Schlangen zu finden, egal wohin sie führten, aber das war ein trügerisches Unterfangen, denn die Schlangen verliefen im Zickzack: Man hat nur fünf Leute vor sich, erreicht eine Kurve, biegt um die Ecke und sieht auf einmal tausend vor sich.

Sechsmal die Holzfällerbahn. Die Kinder schubsten mich jedesmal auf den vordersten Sitz, weil der am nassesten wurde, wenn man zum Schluß in den Teich klatschte.

Qualitätszeit.

Um sechs Uhr abends sammelte ich meine Lieben ein und sagte: »Na, das war ja Spitze heute, was? War echt schön mit euch. Aber jetzt geht's nach Hause.«

»Aber Papa, die sind doch bis Mitternacht offen! Wir haben noch sechs Stunden!«

Als wir endlich den Park verlassen, unser Auto wiedergefunden und uns zur Autobahn durchgekämpft hatten, war es ein Uhr morgens. In fünf Stunden müßte ich aufstehen und mich für den Frühgottesdienst fertigmachen. Ich hatte über 100 Dollar ausgegeben! Qualitätszeit hat ihren Preis.

Die Kinder lagen schlafend auf der Rücksitzbank. Kaye döste auf dem Beifahrersitz vor sich hin. Es war still. Doch dann hörte ich ein leises Schnüffeln. Ich machte mir nicht viel daraus; wenn man drei kleine Kinder hat, schnüffelt immer eines.

Da kam es wieder, diesmal lauter. Ich ignorierte es und trauerte meinem Nachtschlaf und den 100 Dollar hinterher.

Jetzt wieder. Diesmal eindeutig ein Schluchzer. Es war Kim. Hatte das Mädchen doch einen Hot Dog zuviel verschlungen?

Jetzt noch lauter. Fast schon ein richtiges Weinen.

Ich fragte über meine Schulter: »Was ist los, Spatz?«

Ein Schluchzer, eine winzige Stimme. »Ich hab' keinen Ballon gekriegt.«

Fünf Stunden bis zum Aufstehen, hundert . . . »Was ist, Spatz?«

»Ich hab' keinen Ballon gekriegt!«

»Was?«

»Ich hab' keinen Ballon. Du hast mir einen versprochen.«

Sie hatte natürlich recht. Als wir am Morgen den Park betraten, stand am Eingang ein Mann, der Ballons verkaufte. Kim wollte einen, aber ich sagte ihr, sie müßte ihn den ganzen Tag festhalten und würde ihn wahrscheinlich verlieren. »Ich kaufe dir einen, wenn wir wieder fahren«, hatte ich gesagt. Aber als wir wieder fuhren, sah ich den Ballonmann nicht mehr und hatte mein Versprechen überhaupt vergessen; Kim offenbar auch.

Ich war damals noch etliche Jahre jünger und unreifer als heute, und so werden Sie verstehen, daß ich ausrastete. Ich trat auf die Bremse, fuhr an den Straßenrand, drehte mich heftig nach hinten und fragte: »Was hast du da gesagt?«

»Ich hab' keinen Ballon gekriegt. Du hast gesagt, du kaufst mir einen Ballon . . .«

»Jetzt hör mal zu«, sagte ich. Ihre beiden Brüder wurden wach. »Ich hab' den ganzen Tag für euch in Six Flags verbracht, ich hab' über hundert Dollar ausgegeben, in fünf Stunden muß ich aufstehen und predigen – und du jammerst, daß du keinen Ballon gekriegt hast?

Kein einziger von euch hat gesagt: Danke, Papa, daß du den ganzen Samstag Zeit für uns gehabt hast, danke, Papa, daß du hundert Dollar ausgegeben hast, danke für die Achterbahn und die vielen Hot Dogs!«

Ich hatte recht.

»Alles hab' ich für euch getan, und das einzige, was dir einfällt, ist dein blöder Ballon!«

Inzwischen war auch Kaye wach und klopfte mir beruhigend auf das Knie.

Sie hatte auch recht. Aber was tut man nicht alles für seine Kinder, und das einzige, an das sie denken, ist das eine, was sie nicht gekriegt haben.

Aber darum sind es wohl Kinder.

FÜNFTER TEIL:

Wie aus Böse Gut wird

Gott in den Umständen unseres Lebens

Gott hielt es für besser, Gutes aus Bösem hervor-
zubringen, als nichts Böses zuzulassen.

Augustinus

So wie den Bösen die besten Dinge schaden, so sind den
Guten die schlimmsten Dinge heilsam.

William Jenkyn

Was ich gesehen habe, lehrt mich, dem Schöpfer für all
das zu vertrauen, was ich nicht gesehen habe.

Ralph Waldo Emerson

KAPITEL 22

Der unglaublichste Bibelvers

Wir wissen aber, daß denen, die Gott lieben, alle Dinge zum Besten dienen, denen, die nach seinem Ratschluß berufen sind (Römer 8, 28).

Ich habe angestrengt nach Schlupflöchern in diesem Vers gesucht.

Ich habe alle liberalen Kommentare gelesen, alle Übersetzungen verglichen, den Satzbau und die Wortwahl im griechischen Urtext studiert, um ein rettendes Haar in der Suppe zu finden und beweisen zu können, daß hier nicht das steht, was hier steht. Über diesen Vers mußte ich drei Tage nach der Beerdigung unseres Sohnes predigen. Ich hatte schon oft darüber gepredigt, aber das zählte irgendwie nicht mehr. Ich bin immer der Meinung gewesen, daß man kein Recht hat, auf einer Beerdigung »Preist den Herrn!« zu rufen, es sei denn, ein naher Verwandter liegt im Sarg. Das gleiche galt doch wohl für diesen Bibelvers, und so fiel mir jene Predigt, an einem Freitagabend in Kansas City, ziemlich leicht.

Aber danach ist es nicht immer leicht gewesen. Wenn man einen schlimmen Schicksalsschlag durchgemacht hat, denkt man vielleicht: Jetzt habe ich mein Fett bekommen, der Fall ist abgeschlossen, das Leben geht weiter. Aber ich habe feststellen müssen, daß der Fall nie abgeschlossen ist. Ronnies Tod war nur der erste von vielen Toden, und auch wenn diese Tode nicht körperlich waren, waren sie doch genauso real und genauso schmerzlich.

Und so wandte ich mich mit neuem Ernst diesem Vers

zu, der doch zu viel zu versprechen scheint, um wahr zu sein. Denn offenbar sagt Paulus hier doch, daß, wenn wir Gott lieben und von ihm berufen sind, *alle Dinge* – nicht nur ein paar, auch nicht die meisten, nein *alle* Dinge zu unserem Besten dienen. Und Paulus ist sich dessen absolut gewiß: »Wir wissen . . .«, sagt er.

Was es nicht bedeutet

Die größte Gefahr beim Lesen dieses Verses ist, daß wir ihn mit einem romantischen Mäntelchen bedecken und den Stachel aus den vorangehenden Versen, die vom Leiden des Christen handeln, entfernen.

Paulus sagt ja nicht, daß alles, was einem Christen geschieht, gut sei. Uns geschehen jede Menge schlimme Dinge. Wir können nicht sagen: Alles, was mir geschieht, ist gut. Aber es wird uns zum Guten, ja zum Besten dienen. Das Böse, das uns geschieht, kann Gottes gute Pläne mit uns nicht durchkreuzen.[1]

Paulus sagt auch nicht, daß alles, was uns geschieht, uns Gesundheit, Reichtum und Wohlergehen bringt. Die »Dinge«, von denen Paulus spricht, dienen nicht den weltlichen Interessen des Christen. Das »Beste« hat mit unserer Erlösung zu tun, mit unserer Beziehung zu Gott. *Hoffnung für alle* übersetzt so: »Wer Gott liebt, dem dient alles, aber auch wirklich alles zu seinem Heil.«

Paulus will auch nicht sagen, daß »alles schon gut werden wird«, so als ob die »Dinge« sich von alleine regeln würden. *Gott* läßt uns alles zu unserem Heil dienen. *Er* lenkt unser Leben, *er* greift in unseren Alltag ein.

Und Gott tut dies nur für die, die ihn lieben. Denen, die sich nicht retten lassen, wird letztlich, aus dem Blickwinkel der Ewigkeit, nichts zum Besten dienen.

Schauen wir genauer hin

Der Kontext dieses Verses ist wichtig. Das »alles« bzw. »alle Dinge« bezieht sich in erster Linie auf »die Leiden der gegenwärtigen Zeit« in Vers 18: »Ich bin überzeugt, daß die Leiden der gegenwärtigen Zeit nichts bedeuten im Vergleich zu der Herrlichkeit, die an uns offenbar werden soll« (Römer 8, 18 Einheitsübersetzung).

Aber Römer 8, 28 blickt nicht nur zurück zu Vers 18, sondern auch voraus zu den Versen 35-39:

> Wer will uns scheiden von der Liebe Christi? Trübsal oder Angst oder Verfolgung oder Hunger oder Blöße oder Gefahr oder Schwert? ... Aber in dem allen überwinden wir weit durch den, der uns geliebt hat. Denn ich bin gewiß, daß weder Tod noch Leben, weder Engel noch Mächte noch Gewalten, weder Gegenwärtiges noch Zukünftiges, weder Hohes noch Tiefes noch eine andere Kreatur uns scheiden kann von der Liebe Gottes, die in Christus Jesus ist, unserm Herrn (Römer 8, 35-39).

Sehen Sie auch das Problem? Paulus scheint zu sagen, daß *alles*, selbst Verfolgung, Tod, Hunger und Not, denen zum Besten dient, die Gott lieben. Er behauptet ganz offenbar, daß Gott die Welt so eingerichtet hat, daß in ihr alle Dinge dem Heil seiner Leute dienen müssen.

C. E. B. Cranfield sagt in seinem berühmten Römerbrief-Kommentar:

> Wir verstehen also den ersten Teil dieses Verses [Vers 28] so, daß denen, die Gott wirklich lieben, nichts schaden kann – wirklich schaden, im tiefsten Sinne des Wortes »schaden« –, sondern daß alles, was ihnen widerfährt, darunter solch schreckliche

Dinge wie die in Vers 35 genannten, ihnen auf dem Weg zur Erlösung weiterhelfen, ihren Glauben stärken und sie näher zu ihrem Herrn, Jesus Christus, bringen muß. Aber der Grund dafür, daß alle Dinge dem Gläubigen helfen müssen, ist natürlich, daß Gott alles in seiner Hand hat. *Der hier zum Ausdruck gebrachte Glaube ist nicht ein Glaube an die Dinge, sondern an Gott.*[2]

Gottes Macht und Autorität sind so groß, daß selbst die Handlungen der Feinde Gottes und seines Volkes letztlich seinem Willen dienen müssen.[3]

Wenn dies wahr ist, dann sind meine Klagen über das Leben und über Gott, so verständlich sie auch sein mögen, nicht berechtigt.

Wenn dies wahr ist, dann habe ich kein Recht, wütend oder verbittert über mir geschehenes Unrecht zu sein.

Wenn dies wahr ist, bedeutet dies, daß selbst der Schmerz, den Kaye und ich vor einiger Zeit durchmachten, als wir einen lieben Traum begraben mußten, uns letztlich zum Besten dient.

Wenn dies wahr ist, dann wäre ich, wenn Gott auch nur einen Schmerz, ein Herzeleid, eine Enttäuschung aus meinem Leben nehmen würde, weniger als die Person, die ich jetzt bin, weniger als die Person, die ich nach Gottes Willen sein soll, und mein Dienst für ihn wäre weniger, als er gewollt hat.

Wenn das wahr ist, dann kann ich über all diesen Schmerz und Frust, die Tränen und die Traurigkeit, über Gräber und schlaflose Nächte steigen und mich oben auf den Aschenhaufen stellen und sagen: »In all diesen Dingen wirkt Gott zu meinem Besten.«

Während ich diese Sätze schreibe, liegen ganze Stapel von Römerbriefkommentaren auf meinem Schreibtisch, die neuesten und besten, dazu dicke Papierstöße von Anmerkungen und Notizen. Ich habe alles hundertmal durchsucht – und keine Schlupflöcher gefunden.

KAPITEL 23

Hat mein Leben einen Sinn?

Ich werde nie den Zeitungsbericht über eine junge Sekretärin vergessen, die eines Tages in der Mittagspause zum Fenster ihres Büros hinauskletterte, um sich hinunter auf die Straße zu stürzen. »Mein Leben hat keinen Sinn mehr«, sagte sie, »ich mache Schluß!«

Man rief sofort die Polizei, die Feuerwehr und einen Psychologen, aber als sie versuchten, mit der jungen Dame zu reden, drohte sie damit, auf der Stelle zu springen.

Endlich stimmte sie zu, daß ein Pastor mit ihr reden durfte. Er setzte sich auf die Fensterbank, zwei grausame Meter von der Sekretärin entfernt, die auf dem um das Stockwerk laufenden Mauersims stand, und sprach mit ihr, zwei Stunden lang. Und dann – sprang sie in den Tod.

Ich habe mich gefragt, worüber sie wohl sprachen in den zwei Stunden. Was sagte der Pastor dem Mädchen? Hat er vielleicht heute noch Alpträume?

Aber was mich am meisten umtreibt, ist die Frage: Was hätte *ich* dem Mädchen gesagt? Was hätten *Sie* gesagt?

Hat das Leben einen Sinn? Der französische Existentialist Albert Camus schrieb einmal, daß die einzige ernsthafte philosophische Frage die des Selbstmordes sei.[1]

Die Antwort der Bibel ist anders: JA! Das Leben hat Sinn, das Leben ist lebenswert. »Wir wissen aber, daß denen, die Gott lieben, alle Dinge zum Besten dienen, denen, die nach seinem Ratschluß berufen sind« (Römer 8, 28).

Denen, die Gott lieben, dienen alle Dinge zum Besten ... Was für schöne, lebensbejahende Worte!

Aber diese Verheißung ist an eine Bedingung geknüpft. Sie gilt den Menschen, die Gott lieben, denen, »die nach seinem Ratschluß berufen sind«. Das letztere definiert dabei das erstere; die Menschen, die Gott lieben, sind diejenigen, die von ihm berufen sind.

Leiden: Tragisch oder erlösend?

In dem Abschnitt über Hiob habe ich die Ausdrücke »radikales« bzw. »tragisches« Leiden benutzt, um ein Leiden zu beschreiben, das den Betroffenen entmenschlicht, weil es völlig unverdient, erniedrigend und sinnlos ist (wie etwa in den Todeslagern der Nazis).

Aber das Leiden, das Paulus im 8. Kapitel des Römerbriefs anspricht, ist nicht radikal oder tragisch, sondern *erlösend*.

Es ist erlösend, weil Gott es in seinen Heilsplan einbaut. Diese Welt ist ja auf Erlösung angelegt. Gott lenkt die gesamte Schöpfung auf das Fernziel der völligen Erlösung und Verherrlichung hin.[2]

Mit anderen Worten: Gott hat ein Ziel für uns, und selbst das Böse und das Leiden müssen diesem Ziel letztlich dienen. Ich sage nicht, daß Gott der Verursacher des Bösen und des Leidens ist; aber wo Böses und Leiden geschehen, da läßt Gott es einem Ziel – unserem Heil – dienen.

Wenn die Bibel sagt, daß alle Dinge zu unserem Besten dienen, so heißt das, daß alle Dinge zusammenwirken, um Gottes Ziel zu erreichen. Gottes Ziel ist das Beste; das Beste ist Gottes Ziel.

Was ist also dieses Ziel?

Im nächsten Vers sagt Paulus uns: »Denn die er vorher erkannt hat, die hat er auch vorherbestimmt, dem Bilde seines Sohnes gleichförmig zu sein« (Römer 8, 29 Elberfelder) bzw. »seinem Sohn ähnlich zu werden« (Hoffnung für alle). Gottes Ziel ist, uns wie Jesus zu machen.

Der Mensch ist nach Gottes Bild geschaffen. Von allen Geschöpfen bekam nur er die Fähigkeit, Gott zu erkennen und sich seiner zu freuen. Die letzte Bestimmung des Menschen, so können wir in manchen Katechismen nachlesen, ist, Gott zu verherrlichen und für immer Gemeinschaft mit ihm zu haben.

Beim Sündenfall hat der Mensch dieses Bild nicht verloren; es war sozusagen verkratzt, aber nicht vernichtet. In den Fernsehberichten über den Krieg in Bosnien konnten wir immer wieder Bilder von zerbombten Häusern sehen. Die Häuser waren nicht mehr bewohnbar, aber ein paar Wände standen noch; man konnte sich vorstellen, wie sie einmal ausgesehen hatten.

Als Adam und Eva im Garten Eden fielen, war dies wie eine Bombenexplosion, die das Bild Gottes schwer beschädigte, aber nicht auslöschte. Und mit dieser Beschädigung der Ebenbildlichkeit Gottes wurde auch alles andere im Leben des Menschen beschädigt, am meisten seine Beziehung zu Gott. Tief in uns ist zwar immer noch etwas von der Fähigkeit, Gott zu erkennen, und von der Sehnsucht nach Gemeinschaft mit ihm, aber nur noch verkrüppelt. In der Erlösung durch Christus will Gott sein Ebenbild in uns ganz wiederherstellen.

Bild des Vaters, Bild des Sohnes

Haben Sie es auch bemerkt? Paulus sagt in Römer 8, 29 nicht, daß wir dem Bilde Gottes ähnlich gemacht werden sollen, sondern dem Bild seines Sohnes. Dies zieht sich wie ein roter Faden durch das ganze Neue Testament.

Christus kam nicht nur in die Welt, um uns zu zeigen, wie der Vater ist, sondern auch um zu demonstrieren, wie der Mensch – der wahre, nicht in Sünde gefallene Mensch – sein soll und was es heißt, Gott zu verherrlichen und ewige Gemeinschaft mit ihm zu haben. Jesus ist der Gott-Mensch, das vollkommene Beispiel dafür, wie unsere Beziehung zu Gott sein sollte. Er durchlitt Einsamkeit, Mißverstehen, Hunger, Durst, Verlassenheit und einen unbeschreiblich grausamen und entwürdigenden Tod, aber er blieb stets in ungebrochener Gemeinschaft mit seinem Vater und seinen Brüdern. Das Leiden gehörte zu seiner Gottesebenbildlichkeit; durch Leiden wurde er vollkommen gemacht. Und in dieser Menschlichkeit und Verbundenheit mit dem Vater leuchtete Gottes Herrlichkeit. Jesus war der Mensch, wie Gott ihn haben wollte und wie wir einmal sein sollen. Wir, die wir nach Gottes Vorsatz berufen sind, sollen dem inneren Wesen Christi ähnlich werden.

Erfüllung in der Zukunft

Dieses Ziel wird Gott in jedem einzelnen Christen erreichen. Ich muß hier an die großartigen Sätze aus 1. Korinther 15 denken, wo es heißt:

Jetzt gleichen wir dem Menschen, der aus Erde gemacht wurde. Später werden wir dem gleichen, der vom Himmel gekommen ist ... Ich sage euch jetzt ein Geheimnis: Wir werden nicht alle sterben. Aber wenn die Posaune den Richter der Welt ankündigt, werden wir alle verwandelt. Das geht so schnell, wie man mit der Wimper zuckt. Wenn die Posaune ertönt, werden die Verstorbenen zu unvergänglichem Leben erweckt. Wir aber, die wir dann noch am Leben sind, bekommen einen neuen Körper. Unser vergänglicher Körper, der dem Tod verfallen ist, muß in einen unvergänglichen Körper verwandelt werden, über den der Tod keine Macht hat (1. Korinther 15, 49-53).

Und dann die Worte des Johannes: »Meine Lieben! Wenn wir schon jetzt Kinder Gottes sind, was werden wir erst sein, wenn Christus wiederkommt! Dann werden wir ihm ähnlich sein und ihn sehen, wir er wirklich ist« (1. Johannes 3, 2 Hoffnung für alle).

Und den Christen in Philippi schrieb Paulus: »Ich bin ganz sicher: Gott wird sein Werk, das er bei euch angefangen hat, auch vollenden bis zu dem Tag, an dem Jesus Christus kommt« (Philipper 1, 6).

Was Gott angefangen hat, das vollendet er auch. Er ruhte von seiner Schöpfungsarbeit erst aus, als er fertig war. Und der Hebräerbrief sagt von Jesus: »Er hat die Menschen von ihrer Schuld befreit und sich im Himmel an die rechte Seite dessen gesetzt, der die höchste Macht hat« (Hebräer 1, 3).

Beginn schon jetzt

Die letzte Erfüllung dieser Verheißung Gottes liegt also in der Zukunft, aber anfangen tut Gott schon jetzt. Paulus sagt in Philipper 1, 6, daß Gott das, was er in uns angefangen hat, *vollenden* wird. Man kann nur etwas vollenden, was man bereits begonnen hat. Gehen wir noch einmal zurück zu 1. Johannes 3, 2: Wenn Christus wiederkommt, werden wir ihn sehen, wie er ist. Vers 3 fährt fort: »Wer diese Hoffnung hat, wird alles daransetzen, ganz für Gott zu leben, so wie Christus es getan hat« (Hoffnung für alle).

Kennen Sie 2. Korinther 3, 18? »Wir alle spiegeln mit enthülltem Angesicht die Herrlichkeit des Herrn wider und werden so in sein eigenes Bild verwandelt, von Herrlichkeit zu Herrlichkeit, durch den Geist des Herrn.« Statt »widerspiegeln« wird oft auch »schauen« übersetzt – »schauen« im Sinne von »nachdenkendes Betrachten«. Wenn wir über Gottes Herrlichkeit nachsinnen, werden wir in ihr Bild verwandelt.

Gott sagt uns, daß wir eines Tages sein Posaunensignal hören und im Handumdrehen in das Bild unseres Herrn verwandelt werden. Wir tun gut daran, uns darauf vorzubereiten, damit der große Tag nicht ein großer Schock wird, weil wir Jesus so jämmerlich wenig ähnlich sind.

Ich glaube, wir sehen: Römer 8, 28 macht Sinn. Wenn ich in meinem jetzigen Leben mit all seinen Nöten diese Hoffnung habe, dann können in der Tat »alle Dinge« dazu beitragen, daß ich geläutert und meinem Heiland und Erlöser ähnlicher werde.

Durch »alle Dinge« unseres irdischen Lebens schafft Gott in uns das Mitleid Christi mit den Leidenden, die Liebe Christi für unsere Feinde und die Unterwerfung Christi unter den Willen seines Vaters.

Kennen Sie diese Geschichte? Da besucht jemand das Atelier eines Bildhauers. In der Mitte des Raumes thront ein großer Marmorblock.

»Was wollen Sie aus dem Marmorblock schaffen?« fragt der Besucher.

»Ein Pferd«, erwidert der Bildhauer.

»Und wie machen Sie das?« fragt der Besucher.

»Ich nehme Hammer und Meißel und haue alles ab, was nicht wie ein Pferd aussieht.«

So ähnlich will Gott alles von uns entfernen, das nicht wie Jesus aussieht.

KAPITEL 24

Der Mensch denkt, Gott lenkt

Ich begann dieses Buch über das Schweigen Gottes mit Jakob, diesem großen Vorbild für unsere Kämpfe mit Gott. Ich schließe es mit Römer 8, 28 und mit der Geschichte Josefs.

Josef. In seinem Leben schwieg Gott 25 Jahre lang. Und er hatte sein volles Quantum an Dienern ohne Uniform: seine Brüder, fremde Sklavenhändler, Potifar, Potifars Frau, den Mundschenk und den Bäcker des Pharao, den Pharao selber, die Hungersnot. Und Gott ließ es ihm alles zum Besten dienen.

Vor-Sehung

Gott hat das Ziel, uns dem Bild seines Sohnes ähnlich zu machen. Dieses Ziel verfolgt er in unserem täglichen Leben durch seine Vorsehung.

Sie mögen jetzt denken: »Schön, in Römer 8, 28 ist von ›Ratschluß‹ und Ziel die Rede, aber wo ist die Vorsehung?« Nun, genau darin, daß denen, die Gott lieben, alle Dinge zum Besten dienen (wörtlich: zum Besten »mitwirken«, Elberfelder).

Das Wort *Vorsehung* besteht aus den beiden Elementen *vor* und *sehen*. Gottes Vorsehung – das heißt, daß Gott im voraus sieht, voraussieht, unser Leben vorausschauend plant.

Wir selber praktizieren täglich unser Stückchen Vorsehung. Ich habe oft Sodbrennen und Stirnhöhlenbeschwerden; folglich habe ich immer die entsprechende Medizin griffbereit. Jede Lebensversicherung ist ein Stück Vorsehung: Wir treffen Vorbereitungen für unsere Zukunft, damit der Tag X uns und unsere Lieben nicht unvorbereitet trifft.

Gott weiß alles, was in meinem Leben geschieht, bereits im voraus. »Aha, an dem und dem Tag wird Ronald Dunn das und das passieren. Ich treffe gleich ein paar Vorbereitungen, damit ich es für meinen Plan für ihn nutzen kann.« Das ist Vorsehung: Gott sieht alles, was auf uns zukommt, im voraus und richtet seine Pläne so ein, daß es seinem Ziel für uns dienen kann.

Ein Mann namens Josef

Ein großartiges Bild von Gottes Vorsehung bietet uns das Leben des Jakobssohnes Josef (1. Mose 37-50).

Josef war der Lieblingssohn seines Vaters; immerhin war er der Erstgeborene seiner Lieblingsfrau Rahel. Und weil er der Liebling war, konnten seine Brüder ihn nicht ausstehen. Zu allem Überfluß war er auch noch der Spion seines Vaters, der ihm alles hinterbrachte, was seine Brüder so trieben.

Am meisten auf die Nerven gingen ihnen Josefs Träume, in denen sie sich vor ihm verneigten. In der damaligen Kultur war es undenkbar, daß die älteren Brüder sich vor dem jüngeren verneigten. Hätte Josef nur lieber den Mund gehalten über seine Träume . . .

Eines schönen Tages schickt Jakob ihn los, um bei seinen Brüdern nach dem Rechten zu sehen. Sie sehen ihn kommen, bekleidet mit dem prächtigen Gewand, das sein Vater ihm geschenkt hat, und sagen: »Da kommt der Träumer! Kommt, bringen wir ihn um, dann hat er ausgeträumt!« (vgl. 1. Mose 37, 1-20).

Aber Ruben, der Josef retten will, bringt sie dazu, ihn nicht zu töten, sondern in eine leere Zisterne zu werfen.

Sie werfen ihn hinein und setzen sich, um zu essen. Da sehen sie eine Handelskarawane kommen und beschließen kurzerhand, Josef an die Händler zu verkaufen. Soll der Träumer ruhig etwas Geld einbringen.

Gesagt, getan. Die Händler bringen Josef nach Ägypten, wo Juden nicht sehr geachtet waren, und verkaufen ihn dort als Sklaven.

Schlimm. Aber Glück im Unglück: Ein hoher Beamter namens Potifar, der die Juden nicht haßt, erwirbt Josef.

Doch neues Ungemach: Potifars Frau verknallt sich in Josef und versucht ihn zu verführen.

Wieder Glück im Unglück: Josef widersetzt sich ihrem Werben.

Gut. Aber gleich wird es wieder schlimm: Die verschmähte Frau hängt Josef eine Anklage wegen versuchter Vergewaltigung an den Hals, und er landet im Gefängnis.

Erneut Glück im Unglück: Im Gefängnis lernt Josef den Mundschenk und den Obersten Bäcker des Pharao kennen und legt ihnen ihre Träume aus. Er bittet den Mundschenk, ein gutes Wort für ihn einzulegen, wenn er wieder freikommt.

Gut: Die Träume erfüllen sich. Schlecht: Der Mundschenk vergißt Josef. Der Bäcker, da erhängt, kann sowieso nichts tun.

Doch zwei Jahre später hat der Pharao selbst einen beunruhigenden Traum, den ihm niemand deuten kann. Worauf der Mundschenk sich endlich an Josef erinnert. Josef wird vor den Pharao gebracht und deutet seine Träume: sieben Jahre Überfluß werden kommen, danach sieben Jahre Hungersnot. Josef weiß auch, was man gegen die Hungersnot unternehmen kann.

Der Pharao ernennt ihn darauf auf der Stelle zu seinem

Ernährungsminister und Stellvertreter, gibt ihm einen Siegelring und eine Goldkette und läßt ihm die feinsten Kleider anlegen. Aus dem Sklaven wird ein Vizekönig. »Ich bin und bleibe der Pharao«, sagt der Pharao, »aber ohne deine Erlaubnis darf niemand in ganz Ägypten auch nur die Hand oder den Fuß bewegen« (1. Mose 41, 44).

Vorsehung. Gott sah, was Josefs Brüder ihm antun würden, und fing es durch seine eigenen Pläne ab. Er ließ die Handelskarawane genau im richtigen Augenblick kommen. Machen wir uns das einmal klar: All die Kamele dieser Karawane mußten genau zum richtigen Zeitpunkt geboren werden, um dabeisein zu können. Schritt für Schritt ging Gott Josef voraus, fing jedes neue Problem auf und baute es in seinen Plan ein.

Familienfeier

Auf die sieben fetten Jahre folgten die sieben mageren, ganz wie Josef gesagt hatte. Ganz Ägypten stand bei Josef um Getreide an, und bald auch die Nachbarländer.

Eines Tages kommen Josefs Brüder, um Getreide zu kaufen. Nach den 25 Jahren erkennen sie ihren Bruder nicht mehr wieder, aber Josef erkennt sie. Zunächst hält er seine Identität geheim, aber dann kann er es nicht mehr aushalten und gibt sich ihnen zu erkennen.

Die Brüder sind zu Tode erschrocken. Was kommt jetzt? Sicher wird Josef sich an ihnen rächen und sie hinrichten lassen!

Aber Josef sagt: »Ich bin euer Bruder Josef, den ihr nach Ägypten verkauft habt! Erschreckt nicht und macht euch keine Vorwürfe deswegen. *Gott hat mich hierher nach Ägypten gebracht, um euer Leben zu retten*« (1. Mose 45, 4-5; Hervorhebung von mir).

Und weiter: »*Deshalb hat Gott mich vorausgeschickt.* Es ist sein Plan, euch hier in diesem Land das Leben zu erhalten und euch und eure Nachkommen auf diese ungewöhnliche Weise zu retten. *Nicht ihr habt mich hierhergebracht,* sondern Gott. Er hat es so gefügt, daß ich die rechte Hand des Pharaos geworden bin und sein ganzer Hof und ganz Ägypten mir unterstellt ist« (1. Mose 45, 7-8; Hervorhebungen von mir).

Dreimal dieselbe Aussage: Nicht ihr habt mich hierhergebracht, sondern Gott.

Sie meinen, Josef sei doch eindeutig von seinen Brüdern und den Sklavenhändlern nach Ägypten verschleppt worden? Josef selbst wußte es besser.

Nach der großen Versöhnung läßt Josef seinen Vater Jakob nach Ägypten holen. Die Familie ist wieder vereint.

Doch dann stirbt Jakob, und die Brüder sagen: »Was, wenn Josef uns doch noch nachträgt, was wir ihm angetan haben, und es uns jetzt heimzahlt?«

Aber als Josef ihre Ängste hört, sagt er: »Habt keine Angst! Ich werde nicht umstoßen, was Gott selbst entschieden hat. *Ihr hattet Böses mit mir vor, aber er hat es zum Guten gewendet;* denn er wollte auf diese Weise vielen Menschen das Leben retten. Das war sein Plan, und so ist es geschehen« (1. Mose 50, 19-20; Hervorhebung von mir).

Wenn Böses Gott dienen muß

Machen wir uns klar: Die Brüder selber sorgten dafür, daß der verhaßte Traum ihres Bruders sich erfüllte. Hätten sie ihn nicht in die Zisterne geworfen, sie hätten sich nie in Ägypten vor ihm verneigt.

Und mehr noch: Hätten die Brüder Josef damals nicht

so übel mitgespielt, wären sie – und Ägypten und die Nachbarländer – 25 Jahre später verhungert.

Man könnte sagen, daß ihre Sünde ihre Erlösung wurde.

Hausaufgaben

Ich habe eine kleine Hausaufgabe für Sie. Nehmen Sie sich zwei Papierblätter, und numerieren Sie die Zeilen auf jedem Blatt, jeweils beginnend mit der Nummer 1. Tragen Sie dann auf dem einen Blatt all die Dinge ein, wo Sie meinen, das Leben habe Ihnen übel mitgespielt. Vielleicht sind Sie in einer kaputten Familie aufgewachsen oder waren zu arm, um zu studieren, oder Sie waren sehbehindert oder haben abstehende Ohren oder was auch immer.

Listen Sie danach auf dem anderen Blatt die Dinge in Ihrem Leben auf, die Sie gerne ändern würden, aber nicht ändern können.

Wenn die beiden Listen fertig sind, dann lesen Sie sie sich Zeile um Zeile vor und sagen Sie jedesmal: »Ihr hattet Böses mit mir vor, aber Gott hat es zum Guten gewendet.«

Was Sie davon haben werden? Ich weiß es nicht. Aber mir hat es geholfen, daß mein Leben anders wurde.

Ein letztes Wort

Ich schreibe diese letzten Seiten auf Cape Cod, der berühmten Halbinsel an der Küste von Massachussetts, wo 1620 die Pilgerväter (die ersten puritanischen Siedler) landeten. Jedes Jahr sind Kaye und ich um den amerikanischen Labor Day herum hier bei lieben Freunden zu Gast, und hier möchte ich dieses Buch beenden, denn bei unserem ersten Cape Cod-Besuch, 1986, sah ich endlich das Licht am Ende meines zehnjährigen dunklen Tunnels.

Es war unser dreißigster Hochzeitstag. Wir verwöhnen uns an unserem Hochzeitstag gerne mit einem netten Hotel, einem Drei-Sterne-Restaurantessen und ein paar guten Kinofilmen.

1986 also fragte ich Kaye, eher beiläufig: »Wo willst du diesmal hin zu unserem Hochzeitstag?«

»Cape Cod«, antwortete sie, gar nicht beiläufig. (Übrigens: Jawohl, Kaye ist hoffnungslos romantisch veranlagt.)

Gut. Am Morgen nach dem Labor Day schmissen wir ein paar Kleider in unser kleines Auto und fuhren aufs Geratewohl los nach Cape Cod.

Als wir die Grenze zwischen Texas und Arkansas überfuhren, spürte ich plötzlich, wie es in meinem Inneren hell wurde. Es war, als ob sich ein Riesengewicht von meiner Seele hob. Ich stieß einen lauten Schrei aus, daß Kaye zusammenfuhr und dachte: *Mein Gott, jetzt dreht er ganz durch.*

»Schatz«, sagte ich. »Das wird die Reise unseres Lebens, das wird ein Geschenk Gottes!«

Und das wurde es. Und seitdem fahren wir jedes Jahr nach Cape Cod.

Das soll nicht heißen, daß ich seitdem nie mehr mit der Dunkelheit zu kämpfen gehabt hätte. Im Gegenteil. Die eineinhalb Jahre, die ich an diesem Buch geschrieben habe, waren in vieler Hinsicht mit die schwierigsten meines Lebens. Die Krise, die ich eingangs erwähnte, hat sich zwar aufgelöst – aber nicht so, wie wir es erhofft und erbeten hatten. Wir haben in diesen eineinhalb Jahren einen sehr lieben Menschen verloren, wir haben Träume und Hoffnungen begraben und einige wichtige Kapitel unseres Lebens schließen müssen.

Aber parallel zum Bösen lief immer das Gute.

Es war ein Kampf bis zum Tagesanbruch. *Und der Morgen wird kommen.*

Eine der Segnungen aus meinem langen Kampf mit der Depression ist die Einsicht, daß es möglich ist, die Depression zu besiegen.

Just an diesem Morgen, wo ich diese Zeilen schreibe, habe ich in Robert Fulghums neuem Teich gefischt, seinem Buch *Maybe (Maybe Not)*. Und ich fing ein Prachtexemplar.

In einem der Kapitel schildert Fulghum seinen eigenen Kampf mit der Depression, dem »dunklen Todesdämon«, der von Zeit zu Zeit in seiner Seele losbricht. Er vergleicht seinen Sieg über dieses Untier mit dem Triumph eines Matadors über den Stier und beschreibt die Zuversicht, die er verspürt, wenn der schwarze Stier der Depression in die Arena stürmt:

> In der Arena nennt man diese Zuversicht *ver llegar*, wörtlich: »zuschauen, wie sie kommen«. Gemeint ist die Fähigkeit, fest und ruhig dazustehen und wie in Zeitlupe zuzuschauen, wie der Stier angreift, in dem Wissen, daß man das Ausweichmanöver beherrscht ... Diese Zuversicht ist die Frucht der

vielen vorangegangenen Kämpfe: Ich weiß, daß ich dem Stier ausweichen und ihn besiegen kann, weil ich es schon viele Male zuvor getan habe . . .

Inzwischen kenne ich ihn. Ich rieche und spüre ihn, noch bevor er losstürmt. Ja, Toro, komm nur! Ich stemme meine Füße auf den Boden und sehe ihn kommen. Jetzt greift er an. Ein Schwenk mit dem Umhang meiner Zuversicht, und ich bin sicher an ihm vorbei. Die Zuschauermenge in meinem Kopf tobt. OLÉ! Die Zuschauer – das sind all jene, die vor mir ihre Stiere besiegt haben und jetzt mit mir kämpfen. OLÉ! OLÉ! OLÉ![1]

Auch ich bin zuversichtlich, wenn mein Stier kommt. Und diese Zuversicht liegt nicht in meinen Fähigkeiten oder meiner Erfahrung. Sie liegt in dem, der mich geliebt und sich für mich dahingegeben hat (Galater 2, 20).

So oft hab' ich erkannt,
daß Er mich nicht läßt.
Seine liebende Hand
wird halten mich fest.

Ich zögere immer, wenn ich ein Manuskript abschließe und fortschicke. Denn das Büchermachen ist bekanntlich gefährlich: Nichts ist unmöglicher, als ein Buch zu schreiben, daß jeden Leser zufriedenstellt.

Ich zögere ganz besonders, dieses hier in die Welt zu schicken. Weil es so persönlich geworden ist. Ich hatte das gar nicht vor. Aber Bücher sind nun einmal wie ungezogene Kinder: Sie haben ihren eigenen Kopf und laufen einwach weg. Doch ich stimme Henri Nouwen zu, der gesagt hat, daß das Persönlichste zugleich auch das Universalste ist.[2] Denn in unserem Innersten sind wir doch alle gleich, haben die gleichen Ängste, die gleichen Sehnsüchte.

Ich bin keine Ausnahme.
Sie auch nicht.
Das ist die Wahrheit.
Ehrlich.

Anmerkungen

Kapitel 3

1. John L. Maes, *Suffering: A Caregiver's Guide* (Nashville: Abingdon Press, 1990), S. 10.
2. Walter Wink, *Engaging the Powers* (Minneapolis: Fortress Press, 1992), S. 94.

Kapitel 4

1. Paul Tournier, *Krankheit und Lebensprobleme* (Basel: Schwabe & Co., 1978), S. 18.

Kapitel 5

1. Elie Wiesel, *Messengers of God* (New York: Summit Books, 1976), S. 124.
2. Paul Tillich, *Das Ewige im Jetzt* (Stuttgart: Evangelisches Verlagswerk, 1964), S. 102.

Kapitel 6

1. Douglas John Hall, *God and Human Suffering* (Minneapolis: Augsburg Publishing House, 1986), S. 105.
2. Ebd., S. 106.
3. Ebd., S. 107.
4. Viktor E. Frankl, *Man's Search for Meaning*; revised and updated (New York: Washington Square Press, 1985), S. 172.

Kapitel 7

1. Lewis B. Smedes, *A Pretty Good Person* (San Francisco: Harper & Row, 1990), S. 20.
2. Virginia Stem Owens, »The Dark Side of Grace«, in: *Christianity Today*, 19. Juli 1993, S. 32-35.
3. Ebd., S. 35.
4. Ebd.

Kapitel 8

1. Albert Camus, *Der Mythos von Sisyphos* (Düsseldorf: Karl Rauch Verlag, 1958), S. 40.

2. Helmut Thielicke, *Das Schweigen Gottes* (Wuppertal: Brockhaus, 1979), S. 28.
3. Jory Graham, »Anger as Freedom«, in: David und Pauline Rabin (Hrsg.), *To Provide Safe Passage* (New York: Philosophical Library, 1985), S. 70.
4. C. S. Lewis, *The Problem of Pain* (New York: Macmillan, 1962), S. 14-15.

Kapitel 9

1. Sue Chance, *Stronger Than Death* (New York: W. W. Norton & Co., 1992), S. 50.
2. G. Tom Milazzo, *The Protest and the Silence* (Minneapolis: Fortress Press, 1992), S. 43.
3. William A. Miller, *When Going to Pieces Holds You Together* (Minneapolis: Augsburg Publishing House, 1976), S. 79-80.
4. James L. Crenshaw, »Introduction: The Shift from Theodicy to Anthropodicy«, in: James L. Crenshaw (Hrsg.), *Theodicy of the Old Testament* (Philadelphia: Fortress Press, 1983), S. 2.
5. Ernest Becker, *Escape from Evil* (New York: The Free Press, 1975), S. 7.
6. Helmut Thielicke, *Wie die Welt begann* (Stuttgart: Quell-Verlag, 1960), S. 184f.
7. Warren W. Wiersbe, *Why Us?* (Old Tappan: Fleming H. Revell Company, 1984), S. 46.
8. Richard M. Zaner, »A Philosopher Reflects: A Play Against Night's Advance«, in: David und Pauline Rabin (Hrsg.), *To Provide Safe Passage* (New York: Philosphical Library, 1985), S. 241.
9. M. Scott Peck, *People of the Lie* (New York: Simon and Schuster, 1983), S. 41.
10. Crenshaw (siehe Anm. 4), S. 3.
11. Crenshaw (siehe Anm. 4), S. 1.
12. Kornelis Miskotte, *Wenn die Götter schweigen. Vom Sinn des Alten Testaments* (München: Kaiser, 1963), S. 251.
13. Gabriel Marcel, *Sein und Haben* (Paderborn: Schöningh, 1954), S. 153f.

Kapitel 10

1. C. S. Lewis, *A Grief Observed* (New York: Bantam Books, 1976), S. 4-5.
2. Zitiert bei Wiersbe (siehe Kapitel 9, Anm. 7), S. 51.
3. Leon Morris, *The New International Commentary. The Gospel of*

John (Grand Rapids: Wm. B. Eerdmans Publishing Co., 1971), S. 477, Fußnote 5.

4. George A. Turner und Julius R. Mantey, *The Gospel of John* (Grand Rapids: Wm. B. Eerdmans Publishing Co., o. J.), S. 202, Fußnote 1.

5. B.F. Westcott, *The Gospel According to St. John* (Grand Rapids: Wm. B. Eerdmans Publishing Co., o. J.), S. 144.

6. Philip B. Yancey, *Where Is God When It Hurts?* (Grand Rapids: Zondervan Publishing House, 1977), S. 97.

7. Jan Cox-Gedmark, *Coping with Physical Disability* (Philadelphia: The Westminster Press, 1980), S. 40.

8. Hans Küng, *Existiert Gott?* (München: Piper, 1978), S. 736.

9. Zaner (siehe Kapitel 9, Anm. 8), S. 241.

10. Helmut Thielicke, *Das Schweigen Gottes* (Wuppertal: Brockhaus, 1979), S. 29-30.

11. Jory Graham (siehe Kapitel 8, Anm. 3), S. 75.

Kapitel 11

1. R. Laird Harris, Gleason L. Archer, Jr., Bruce K. Waltke, *Theological Wordbook of the Old Testament*, Bd. 1 (Chicago: Moody Press, 1980), S. 303.

2. W. Lee Humphreys, *The Tragic Vision and the Hebrew Tradition* (Philadelphia: Fortress Press), S. 95.

3. Ebd., S. 96.

Kapitel 12

1. H. Wheeler Robinson, *The Cross in the Old Testament* (Philadelphia: The Westminster Press, 1955), S. 45.

2. John D. Barbour, *Tragedy as a Critique of Virtue* (Chico, CA: Scholars Press, 1984), S. ix.

3. Wendy Farley, *Tragic Vision and Divine Compassion: A Contemporary Theodicy* (Louisville: Westminster/ John Knox Press, 1990), S. 12.

4. Michael J. Buckley, S. J., *At the Origins of Modern Atheism* (New Haven: Yale University Press, 1987), S. 328.

Kapitel 13

1. Diana und Lisa Berger, *We Heard the Angels of Madness* (New York: William Morrow and Co., Inc., 1991), S. 185.

2. Humphreys (siehe Kapitel 11, Anm. 2), S. 105.

3. Ebd., S. 115; Hervorhebung von mir.

4. Cynthia Swindoll, zitiert in: Don Baker, *Depression: Finding Hope*

and Meaning in Life's Darkest Shadow (Portland, Oregon: Multnomah Press, 1983), S. 5.
5. Maes (siehe Kapitel 3, Anm. 1), S. 20.
6. James L. Crenshaw, *A Whirlpool of Torment: Israelite Traditions of God as an Oppressive Presence* (Philadelphia: Fortress Press, 1984), S. 59, 60, 61, 63.
7. Ebd., S. 59.
8. C. S. Lewis, *A Grief Observed* (New York: Bantam Books, 1976), S. 5.

Kapitel 14
1. H. Wheeler Robinson (siehe Kapitel 12, Anm. 1), S. 47.
2. Humphreys (siehe Kapitel 11, Anm. 2), S. 120.

Kapitel 15
1. Richard Foster, *Prayer: Finding the Heart's True Home* (San Francisco: HarperCollins, 1992), S. 18.
2. Ebd., S. 18.
3. Martin Marty, *A Cry of Absence* (San Francisco: Harper & Row Publishers, 1983), S. 2.
4. Ebd., S. 2-3.
5. Ebd., S. 5; Hervorhebung von mir.
6. Dorothee Sölle, *Leiden* (Stuttgart: Kreuz-Verlag, 1973), S. 97.
7. Samuel Balentine, *The Hidden God* (Oxford: Oxford University Press, 1982), S. 172.
8. Walter Brueggemann, *The Message of the Psalms* (Minneapolis: Augsburg Publishing House, 1984), S. 80.
9. Ebd., S. 80.
10. Ebd., S. 51-52.
11. Ebd., S. 52.

Kapitel 16
1. William Styron, *Darkness Visible: A Memoir of Madness* (New York: Random House, 1990), S. 7.
2. Grace Ketterman, *Depression Hits Every Family* (Nashville: Oliver Nelson, 1988), S. 16-19.
3. John White, *The Masks of Melancholy* (Downers Grove: InterVarsity Press, 1982), S. 77.
4. Weitere Informationen über Rapha sind erhältlich von: Rapha, 8876 Gulf Freeway, Suite 340, Houston, Texas, 77017, USA.
5. J. Christian Beker, *Suffering and Hope* (Philadelphia: Fortress Press, 1987), S. 9.

6. Styron (siehe Anm. 1), S. 38.
7. Styron, S. 50.
8. Thomas Moore, *Care of the Soul* (San Francisco: HarperCollins Publishers, 1992), S. 137-138.

Kapitel 17

1. C. S. Lewis, *A Grief Observed* (New York: Bantam Books, 1976), S. 34.
2. Manuel de Unamuno, *The Private World* (Princeton: Princeton University Press, 1984), S. 44.
3. Oswald Chambers, *My Utmost for His Highest* (New York: Dodd, Mead & Co., 1935), S. 305.
4. Zitiert von Philip Yancey, *Disappointment with God* (Grand Rapids: Zondervan Publishing House, 1988), S. 17.

Kapitel 18

1. John Irving, *Owen Meany* (Zürich: Diogenes, 1990), S. 56.
2. Gary Collins, *The Magnificent Mind* (Waco: Word Books, 1985), S. 147-148.

Kapitel 19

1. Ich habe über Gottes Willen in meinem Buch *Don't Just Stand There, Pray Something* (Nashville: Thomas Nelson Publishers) geschrieben, S. 208-214.
2. J. I. Packer, *Hot Tub Religion* (Wheaton: Tyndale House Publishers, 1987), S. 106.
3. John White, *The Fight* (Downers Grove: InterVarsity Press, 1978), S. 158.

Kapitel 20

1. John White, *Parents in Pain* (Downers Grove: InterVarsity Press, 1979), S. 36.
2. Harold Kushner, *When All You've Ever Wanted Isn't Enough* (New York: Summit Books, 1986), S. 150-151.

Kapitel 22

1. J. B. McBeth, *Exegetical and Practical Commentary on Romans* (Shawnee: Oklahoma Baptist University Press, 1937), S. 198.
2. C. E. B. Cranfield, *Critical and Exegetical Commentary to Romans*, Bd. 1 (Edinburgh: Clark, 1975), S. 429; Hervorhebung von mir.
3. Ebd., S. 429.

Kapitel 23

1. Albert Camus (siehe Kapitel 8, Anm. 1), S. 3.
2. McBeth (siehe Kapitel 22, Anm. 1), S. 198.

Ein letztes Wort

1. Robert Fulghum, *Maybe (Maybe Not)* (New York: Villard Books, 1993), S. 105-106.
2. Henri J. M. Nouwen, The Wounded Healer (New York: Double-day, 1972), S. 16.